AF247427

TABLEAUX

CHRONOLOGIQUES.

IMPRIMERIE DE FAIN, PLACE DE L'ODÉON.

TABLEAUX

CHRONOLOGIQUES

DES PRINCIPAUX FAITS DE L'HISTOIRE,
AVANT L'ÈRE VULGAIRE,

SUIVIS

D'UN TABLEAU SYNOPTIQUE, ETC., ET D'UN EXCURSUS OU
L'ON DONNE D'APRÈS HÉRODOTE, THUCYDIDE ET XÉNOPHON,
LA DIVISION DE L'ANNÉE ET L'EXPLICATION DE DIVERSES
LOCUTIONS CHRONOLOGIQUES,

Par J.-B. GAIL, DE L'INSTITUT ROYAL DE FRANCE,

Chevalier de la Légion-d'Honneur et de l'ordre de Saint-Wladimir, lecteur et
professeur royal, conservateur des manuscrits grecs et latins de la Bibliothèque
du Roi, de l'académie de Gottingue, ancien professeur d'histoire à l'école
royale militaire.

Tableaux des principaux faits avant l'ère vulgaire, 5 fr. — Tableaux
des principaux faits depuis l'ère vulgaire, 3 fr.

A PARIS,

CHEZ CH. GAIL, NEVEU, AU COLLÉGE ROYAL,
PLACE CAMBRAI;
ET CHEZ MM. Aug. DELALAIN, TREUTTEL ET
WURTZ, ET DUFART.

1822.

La deuxième partie des Tableaux Chronologiques, a paru en 1819.

C'est pour compléter l'ouvrage, que j'en publie aujourd'hui la première partie. Elle embrasse les époques antérieures à notre ère vulgaire.

    1re. Partie. . . . . 5 francs.
    2e. Partie. 3

Nota. L'*Excursus* chronologique annoncé dans le titre, ne pouvant, pour cause, paraître encore, on est invité à ne pas faire relier ce volume.

Les personnes qui désirent se procurer la collection des œuvres de J.-B. Gail, sont averties que les Tableaux Chronologiques avant l'ère vulgaire se trouvent et dans la nouvelle édition de son atlas, et dans son Philologue.

Prix des *Tableaux Chronologiques avant l'ère vulgaire*, in-8°. sans estampes 5 fr. Avec les estampes 49 fr. in-8°., et in-4°. 68 fr. Les estampes pourront, à la volonté des amateurs, orner ou le volume des Tableaux Chronologiques, ou toutes les éditions in-8°. et in-4°. d'Hérodote, de Thucydide et de Xénophon, auxquelles on les a premièrement destinées.

Les estampes d'Hérodote, de Thucydide et de Xénophon, s'élèvent au nombre de 60 : — 10 estampes pour Hérodote, — 10 estampes et 2 plans pour Thucydide, — 38 estampes pour Xénophon.

Prix de chaque collection prise séparément.

Estampes d'Hérodote, format in-8°. 12 fr., et 15 fr. in-4°. — *Estampes de Thucydide*, 12 fr. in-8°. 15 fr. in-4°. — *Estampes de Xénophon*, 36 fr. in-8°., et 45 fr. in-4°.

Prix des trois collections prises ensemble, soit in-8°., soit in-4°.

Soixante estampes d'Hérodote, Thucydide et Xénophon, format in-8°. 45 fr. — Format in-4°. 60 fr.

Voyez la notice sur ces estampes gravées d'après les dessins des plus grands maîtres.

Prix des Tableaux Chronologiques, depuis l'ère vulgaire, avec *fac simile*, 3 fr.

IMPRIMERIE DE FAIN, RUE RACINE, PLACE DE L'ODÉON.

AVERTISSEMENT.

À l'époque où parut mon atlas (1) géographique,
des tableaux chronologiques étaient jugés nécessaires. N'ayant fait alors aucune étude particulière
de la chronologie, ne voulant ni ne pouvant présenter un système complet de chronologie, j'adop-
tai le résultat des recherches et des calculs partiels
de MM. Barthélemy, Sainte-Croix, et de M. Larcher surtout. Aujourd'hui encore, je puise à la
même source, je reproduis les mêmes tableaux,
mais avec des corrections et additions considérables (2), dont il importe de faire le public juge
lorsqu'on lui annonce une seconde édition. Ce
sera, en même temps, une occasion de relever
plusieurs des fautes que j'ai ou laissées, ou com-
mises moi-même.

(1) Cet Atlas (54 cartes) est, à tout moment, nécessaire à
ma collection philologique. Son prix est de 36 fr. et de 30 fr.
seulement pour les souscripteurs du *Philologue*.

(2) Ne donnant ici que des résultats, nous renverrons
souvent à notre *Philologue*, qui contient d'amples développemens et des preuves de ce que nous avançons.

a

9ᵉ. *Siècle*, (1) 856 ans avant J.-C. (pag. 43).
au lieu de *temple de la ville d'Olympie*, nous disons
l'*hiéron de l'Olympie*. *De l'Olympie* rappelle ce que
nous avons prouvé, qu'il n'y a jamais eu de ville
d'Olympie. Quant au mot *hiéron*, quant à ma distinction entre *hiéron*, (*enceinte sacrée* qui était
tantôt d'une médiocre et tantôt d'une immense
étendue), terme générique, et *temple*, partie de
l'hiéron, elle ne déplaira qu'aux routiniers. (Voy.
pag. 58, texte, et notes 2 et 3.)

8ᵉ. *Siècle*, 758 ans avant J.-C. (pag. 45). La
colonie de Naxos en Sicile est fondée par des Chalcidiens de l'Eubée. Ils furent, dit Thuc., 6, 3, 1,
les premiers des Hellènes qui conçurent l'idée de
passer en Sicile, et d'y fonder Naxos.

Ib. année 756 (pag. 46). M. Larcher qualifie
de *banni* Chersicratès, fondateur d'une colonie de
Corinthiens. Cette qualification qu'il lui donne de
nouveau, tom. 7, pag. 443 de sa deuxième édition d'Hérodote, ne lui est point donnée par Strabon qu'il cite. Ce géographe (6, pag. 414) se

(1) Une même année contient souvent plusieurs faits. On a
cru, en conséquence, devoir joindre à l'indication de l'année
celle de la page qui contient addition ou correction.

borne à dire que Chersicratès, issu de la race
d'Hercule, et selon d'autres de la race des
Bacchiades, fut chargé par Archias, autre Héra-
clide, fondateur d'une colonie Dorienne à Syracuses (1), de fonder une colonie à Corcyre, et
qu'il en chassa les Liburnes qui possédaient cette
île. Les colons qu'il y mit étaient des Corinthiens
(Thuc. 1, 25) qui, avec le temps, négligèrent
la métropole. Nous tenons ces deux faits de Strabon que cite M. Larcher, et de Thucydide que
ne cite pas ce savant.

Un autre fait encore qui résulte des récits de Stra-
bon (L. L.) et de Thuc. (6, 3) c'est qu'Archias et
Chersicratès étaient venus ensemble de Corinthe.
Mais aucun des textes précités n'appuie l'idée de
bannissement que met en avant M. Raoul Rochette
(*Col. gr.* (2) tom. 3, pag. 180). Chersicratès et

----

(1) J'écris *Syracuses* avec *s* à la fin, (parce que le grec
donne un pluriel), et non *Syracuse*, comme l'écrivent
M Dutheil, et d'autres.

De même, à l'année 826, écrivez *Amycles* et non *Amyclès*,
faute non corrigée sur l'épreuve.

(2) *Ibid.* et pag. 181. M. Raoul suppose que Chersicratès
abandonna Archias. Mais, loin de l'abandonner, il se rendit
aux vœux d'Archias (Strab. 6, pag. 414).

Archias étaient partis de Corinthe , dévoués à la
métropole , heureuse de voir avec ses colonies
s'accroître ses relations commerciales et politiques.

J'allais oublier de remarquer que ces locutions,
*fondation de l'île de Corcyre, fondation de Syra-
cuses* sont vicieuses. On fonde une colonie dans
une île : mais on ne fonde pas l'île.

7ᵉ. *Siècle*, ann. 624 (pag. 67). A l'article *Aga-
siclès*, on avertit de lire 1 , 65, au lieu de 1 , 55
que donne M. Larcher. — Hors de ce siècle, indiquons, pag. 88, ligne 13 , 1 , 163 et non 1 , 63.
— pag. 95, ligne 9, 1 ,76 1 , et non 1 , 82. — pag.
99, à l'article (1) *les Phocéens* , nulle indication de
source chez M. Larcher. — Pag. 107, ligne 11 ,
Hérodot. 2 , 180, 1 , et non 2 , 190 , chapitre
qui n'existe pas. — Ces minutieuses remarques
prouveront mon exactitude à vérifier les cita-
tions.

6ᵉ. *Siècle*, an. 533 (p. 100). *Cimon s'était expatrié*

---

(1) Au lieu de *Phocéens* , le grec donnant Φωκαεῖς, j'écris
Phocæens : *Phocéens* , bref , restera version de Φωκεῖς.
M. Larcher rend ce dernier par *Phocidiens* , changement que
ne favorise pas la désinence , mais qu'on approuvera peut-être
parce qu'il sauve un équivoque.

par crainte de Pisistrate (H. 6, 103, 1). L'illustre
M. Schw. est donc peut-être moins exact, lorsqu'il dit que *Pisistrate était exilé par Pisistrate* : car φυγεῖν Πεισίςρατον peut difficilement avoir
ce sens. .

5ᵉ. *Siècle*, ann. 496 (pag. 116, note 2). Uti-
lité des mots *Hellènes*, *Hellade*, que souvent rendent mal les mots, *Grecs* et *Grèce*. Voy. pag. 116,
note 2.

Ib., année 495 (pag. 117, ligne 12). Chez
M. Larcher, ces mots, *Mardonius se met en route
au printemps pour se rendre en Grèce*, annoncent
un voyage d'agrément et non une redoutable expédition.

Ib. , ann. 490 (pag. 120, ligne 16). *Bataille
de Marathon.* Ici grave omission de M. Mentelle ,
qui donne tout l'honneur de la bataille aux Athéniens, sans prononcer le nom dés Platéens qui
méritèrent par leur héroïsme d'être compris à
Athènes dans les vœux que formait le hérault
sacré pour la prospérité des Athéniens.

Ib. , ann. 485 (pag. 124). Construction de deux
ponts (et non pas d'un seul, comme le dit M. Mentelle), pour le passage de Xerxès allant d'Asie en
Europe. — (*Ib.* pag. 124, ligne 14 et 15), le mot

Épithrace signifie en partie le littoral de la
Thrace. J'ai donc eu tort d'écrire *le littoral de
l'Épi-Thrace.*

Ib., ann. 480 (pag. 126). *Combat des Thermopyles.* Au lieu des deux lignes de M. Larcher ,
j'ai donné, pag. 126, 127 , et surtout pag. 128 ,
ligne 1-20, des détails topographiques , résultat
d'une longue discussion des textes. Ils enrichissent
pour la première fois notre carte des Thermopyles.

Ib., ann. 479 (pag. 134, ligne 5). Au lieu de
Camarine rétablie par Gélon, article de M. Larcher , nous disons d'après Hérod. 7 , 156, *Camarine détruite*, etc.

Ib., ann. 477 (pag. 135). Selon M. Larcher ,
Pausanias est mandé et mis à mort. Mais d'après
Thuc. 1 , 134, cela est très-inexact : car il ne
donne pas à ses juges le temps de le condamner.

Ib., ann. 466 (pag. 141). Selon M. Larcher, *les
Athéniens envoient une colonie en Thrace :* mais
c'était *le littoral de la Thrace*, et non *la Thrace continentale* que la politique athénienne peu-
plait de colonies (Voyez les pages 140-142).
Athènes a parfois négocié avec des peuples de la
Thrace : mais jamais cette puissance maritime qui
n'avait qu'une médiocre population , n'avait eu

l'idée de fonder des colonies sur le continent de la Thrace. Cette faute grave en topographie provient de ce que l'on n'a jamais compris avant nous, le sens de τὰ ἐπὶ Θράκης, locution que des savans du premier ordre interprètent mal dans des écrits tout récens.

Ann. 465 (pag. 143 , note 1). J'aurais dû ajouter que *bilingues*, mal compris, a donné lieu au mot proverbe *fides punica*.

Ann. 459 (pag. 147). Détails sur les Éginètes.

Ann. 457 (pag. 151). Myronidès et Tolmidès, mieux appréciés d'après des témoignages qu'il fallait citer.

Ann. 454 (pag. 155). *La Thrace conquise.* Erreur grave.

Ann. 453 (pag. 156). De l'Eubée même, Tolmidès procède au partage des terres de Naxos. Explication de ce fait non compris.

Ann. 446 (pag. 158). Larcher dit ici (et tom. 7 , pag. 506) que Plistoanax fait irruption dans l'Attique *sans avoir rien fait*. Mais 1°. pourquoi n'avoir pas cité la source où il puise. 2°. Comment avoir négligé Thucydide qui, en donnant à entendre que Plistoanax avait trop peu fait, dit pourtant 1, 114, 2, qu'il avait ravagé les plaines

Thriasiennes. — Autre faute bien plus grave :
M. Larcher dit : les *Eubéens sont battus*, et ensuite, *Plistoanax*, etc. Il fallait, de ces deux arti-
cles, faire un seul et même article, mettre la
cause avant l'effet, et dire : *Plistoanax attaque.—
Se retire. L'athénien Périclès , profitant de cette
imprudente retraite , passe en Eubée : les Eubéens
sont battus.*

Ann. 436 (pag. 168 et pag. 189). Au lieu
d'annoncer un des plus mémorables siéges ,
M. Larcher se borne à indiquer une petite circonstance, lorsqu'avec le seul index de Thucydide ,
il eût pu faire beaucoup mieux.

5ᵉ. *Siècle*, ann. 431 (pag. 170). *Guerre du
Péloponnèse.* Arrivés à cette époque féconde en
grands événemens, en vérités historiques, géographiques et militaires, nous nous sommes fort
occupés de deux parties négligées avant nous ,
même par les critiques du premier ordre, de la
géographie ancienne et des batailles des anciens.
(Voyez pag. 171 , note 1).

Ces tablettes offriront plus d'une fois d'utiles
aperçus, dont les preuves et développemens sont
consignés soit dans notre Philologue, soit dans
notre géographie d'Hérodote.

Ib., (pag. 171). Mot de Millot sur les batailles des anciens. Si le mot de cet historien spirituel et parfois judicieux m'eût persuadé, je n'aurais exhumé ni la première bataille de Mantinée, ni d'autres événemens militaires , etc.

Ib., (pag. 177 , note 1). Omissions et erreurs graves de l'illustre Rollin.

Ann. 429 (pag. 188). *Mort de Périclès.* Pour mettre à portée de juger ce grand homme , **M.** Larcher renvoie à Diogène-Laërte et à Athénée. Le célèbre antiquaire Visconti m'étonne bien davantage lorsqu'il me déclare (*Iconogr.* tom. 1 , pag. 61) que Plutarque et Bayle lui ont fourni des autorités dans ce qu'il dit de Périclès. Mais comment, dans un ouvrage d'Iconographie, ce célèbre antiquaire, ayant à tracer le portrait d'un des plus grands hommes de l'antiquité, oublie-t-il Thucydide, qui excelle dans le genre des portraits ? Pourquoi dans le même ouvrage (tom. 1 , pag. 65), ayant à juger Alcibiade, oublie-t-il encore Thucydide qui lui seul, ou du moins avant tous les autres écrivains anciens, devait être consulté. (Voyez *infr.* 1°. pag. 190 *sq.* 2° pag. 201. 3°. pag. 406. et *pass*).

Ann. 429 (pag. 190 *sq.*). *Première bataille*

navale des Lacédémoniens, dans le détroit du golfe de Crissa. M. Larcher ne nomme ni d'après Diodore, ni d'après Thucydide, le nom de cette bataille, ou plutôt de trois batailles livrées dans le même détroit (pag. 190 *sq*); et dans notre carte du détroit de Crissa et dans notre analyse critique, nous suppléons à cette omission et à une autre plus grave encore.

Un roi d'une partie de la Thrace, Sitalcès (pag. 193), avec une armée de 150 mille hommes dont la cavalerie formait le tiers, marche contre Perdiccas, et fait trembler même les Athéniens ses alliés, et cependant, M. Larcher ne prononce pas plus le nom de l'Épaminondas de la Thrace, que celui de la première bataille de Mantinée.

Ann. 425 (pag. 201). Le siége de Sphacterie est un des plus mémorables événemens; et M. Larcher ne cite nullement Thucydide si attachant dans son récit qui est un chef-d'œuvre, et puise dans Diodore la mention d'une seule circonstance du drame. On ferait sagement de citer Diodore, ou pour y chercher sur les sciences, les lettres et les arts, des détails curieux qu'en vain on chercherait ailleurs, ou pour combattre parfois la partialité de Xénophon. Mais quand il s'agit de faits racontés

et par Diodore et par Thucydide, négliger le témoignage du plus ancien, du plus éloquent et du
plus impartial des historiens, c'est faire soupçonner ou qu'on ne connaît pas assez Thucydide, ou
que l'on redoute sa dialectique, et que l'on préfère
Diodore parce que sa diction est plus facile.

Ann. 406 (pag. 218). Sur la bataille des Arginuses, M. Larcher nomme uniquement Xénophon,
et ne cite pas Diodore dont le témoignage est précieux , puisqu'il supplée à la partialité de Xénophon.

Ann. 404 et 403 (pag. 219). M. Larcher met à
l'an 404, *la nomination des trente tyrans*; et à l'an
403, *anarchie à Athènes*. Dans cette phrase de Xénophon (p. 2, 3, 1, *sq.* tom. 5, pag. 130), *l'année
suivante, que l'on nomme anarchique, sous l'archontat de Pythodore que les Athéniens ne nom-
ment pas parce qu'il fut élu sous l'oligarchie qui
s'établit ainsi, le peuple décreta que l'on nomme-
rait trente citoyens ,* etc, laquelle annonce comme
liés intimement ensemble le fait de la nomination des trente et celui de l'anarchie, comment
reconnaître deux faits appartenant à deux années?

4e. *Siècle,* ann. 381 (pag. 232 *sq.*). Article de
trois lignes chez Larcher, remplacé chez nous

par trois pages où nous corrigeons et Larcher et nous-mêmes, qui, avant nos *recherches géographiques*, faisions de la géographie à la manière de tant d'historiens modernes.

4ᵉ. *Siècle*, ann. 371. *Bataille de Leuctres.* Silence de Xénophon sur le nom du vainqueur. Remarque sur la cause de ce silence. Estampe qui représente la muse de l'histoire suppléant au silence de Xénophon.

J'ai consacré onze pages à montrer de graves inexactitudes de M. Larcher, (ou plutôt à prouver que j'avais beaucoup ajouté à son travail). Il m'aurait fallu un volume pour montrer ce qu'il y a de bon dans ses livres et surtout dans sa vie, pleine de bonnes actions.

Sans M. Larcher, je n'aurais pas entrepris ces tableaux chronologiques. Je lui devais donc le tribut que je paie à sa mémoire. Le même tribut est dû à M. Mentelle à qui j'ai emprunté pareillement (la lettre M. indiquera son nom), et à M. de Saint-Martin.

Les premières époques restent couvertes de ténèbres. Pour m'éclairer et me conduire dans cette longue nuit ténébreuse, j'ai dû recourir à des guides sûrs. Pouvais-je en trouver ailleurs que dans les livres saints et chez leur auguste interprète, l'auteur du discours, sur l'histoire universelle que souvent nous avons fait parler.

AVIS AU RELIEUR

Pour le placement des estampes d'Hérodote, de Thucy-
dide et de Xénophon, dont la collection monte à 6o.

Hérodote a 10 estampes. Six pour le tome I, et 4 pour le
tome II.

Tome I. Ire. *Estampe. Hérodote lisant son histoire aux*
jeux olympiques. Elle se place au frontispice. — 2e. *Estampe.*
1, 31, Pag. 1. (1). *Cléobis et Biton.* — 3e. *Est.* 2, 4o, pag. (2)
147. *Sacrifice à Isis.* — 4e. *Est.* 3, 75-79, pag. 271. *Magopho-*
nie. — 5e. *Est.* 4, 162, pag. 378. *Don d'une quenouille à*
Phérétime. — 6e. *Est.* 5, 12, pag. 498. *Péonienne labo-*
rieuse.

Tome II. 1re. *Estampe.* 6, 61, pag. 1. *Fille laide.* — 2e.
Est. 7, 229, pag. 86. *Eurytus aux Thermopyles.* — 3e.
Est. 8, 37, pag. 225. *Profanateurs punis* 4e. — *Est.* 9, 5,
pag. 3o8. *Lycidas lapidé.*

Thucydide a dix estampes et deux plans réunis.

1re. *Estampe. Portrait de Thucydide,* au frontispice.

----

(1) 1, 31 ; pag. 1. De ces signes, le premier 1, 31, signifie *livre*
1er. *ch.* 31 ; et indique pour toutes les éditions et le livre et le chap.
qui ont fourni le sujet de l'estampe. Le signe p. 1, avertit le relieur
de placer l'estampe non au ch. 31, ce qui occasionnerait erreur,
mais au commencement du livre 1er. Le relieur n'aura donc égard qu'au
premier des chiffres, qui indique le livre : et c'est toujours au commencement de chaque livre, de préférence, qu'il convient de placer
les estampes.

(2) La page indique celle de mon édition où a été puisé le sujet de
l'estampe. Mais je le répète, le relieur n'aura égard qu'à l'indication
du livre.

2ᵉ. *Est. Thémistocle chez Admète.* (1 , 136). Sans égard
au chapitre 136, ou placera au commencement du livre
1ᵉʳ., indiqué par le 1ᵉʳ. des chiffres, qui est ici le chiffre 1.
— 3ᵉ. *Est.* (2 , 34). *Funérailles de guerriers.* — 4ᵉ. *Est.*
(2 , 47). *Peste d'Athènes.* Ces deux estampes, 2 , 34 ; et 2 ,
47 , toutes deux au commencement du 2ᵉ. livre. — 5ᵉ. *Est.*
(2 , 74). *Siége de Platée.* Deux plans. — 6ᵉ. *Est.* (3 , 53).
Platéens plaidant pour leur patrie. — 7ᵉ. *Est.* (4 , 57). *Les
Athéniens après avoir mis le feu à Tyrée , emmènent avec
eux les Éginètes ,* etc. — 8ᵉ. *Est.* (5 , 84-116). *Prise de
Mélos.* — 9ᵉ. *Est.* (6 , 30). *Départ des Athéniens pour la
Sicile.* — 10ᵉ. *Est.* (7 , 75). *Athéniens vaincus en Sicile ,* etc.
— 11ᵉ. *Est.* (8 , 84). *Astyochus.*

Xénophon a trente huit estampes.

Le tome Iᵉʳ. a 9 estampes. 1ʳᵉ. *Estampe. Portrait de Xénophon , homme fait ,* avec ce mot de Cicéron, *Xénophontis
voce Musas quasi locutas ferunt.* Elle se place en tête du vol.
— 2ᵉ. *Est. Exercices des Lacédémoniennes.* (Ch. 1 , pag. 4).
Les épreuves de cette planche , égarée chez le propriétaire ,
sont maintenant très-rares. — 3ᵉ. *Est. République d'Athènes.*
(Ch. 1 , pag. 72). — 4ᵉ. *Est. (Finances d'Athènes) ;* portant ce mot ΠΟΡΟΙ , pag. 114. — 5ᵉ. *Est. Le banquet de
Xénophon ,* ayant ces lettres ΣΥΜΠ. , pag. 168 (1). — 6ᵉ.
Est. Éloge d'Agésilas , ayant ces deux lettres ΑΓ. , pag. 282.
— 7ᵉ. *Est.* Ayant ce mot *hiéron* , pag. 378. — 8ᵉ. *Estampe.*

(1) C'est le texte de la pag. 279 , fin du banquet qui a fourni le sujet
de la pantomime. Nous croyons néanmoins devoir, pour éviter au
relieur de nombreuses erreurs, indiquer la pag. 168, où commence le
traité.

Traité de l'équitation, un cheval. Au bas de l'estampe, sont gravées ces deux lettres ΙΠ., pag. 454. — 9ᵉ. *Est. Le commandant de la cavalerie*, avec ces 5 lettres ΙΠΠΑΡ. Pag. 540.

Le tome II a 5 estampes. 1ʳᵉ. *Estampe.* Π, 1, 3, 1; pag. 2. *Cyrus présenté par sa mère à Astyage.* — 2ᵉ. *Est.* Π. 2, 1, 14, pag. 144. *Cyrus fait apporter des armes, et assembler les soldats Perses.* — 3ᵉ. *Est.* Π. 3, 1, 13, pag. 238. *Tigrane, fils du roi d'Arménie, défendant son père.* — 4ᵉ. *Est.* Π. 4, 2, 10, pag. 338. *Les Mèdes s'offrent en foule à Cyrus.* — 5ᵉ. *Est.* Π. 5, 5, 36., pag. 450. *Cyrus demande à Cyaxare la permission de l'embrasser.*

Le tome III a 5 estampes. 1ʳᵉ. *Estampe.* Π, 6, 4, 10, pag. 2. *Adieux d'Abradate et de Panthée.* — 2ᵉ. *Est.* Π, 7, 3, 14, pag. 96. *Panthée se frappe et expire.* — 3ᵉ. *Est.* Π, 8, 5, 19, pag. 216. *La fille de Cyaxare couronnant son père.* — 4ᵉ. *Est.* Liv. 1ᵉʳ. de la retraite des Dix Mille. Αν. 1, 8, 27, pag 388. *Mort de Cyrus.* — 5ᵉ. *Est.* Αν. 2, 5, 32, pag. 504. *Généraux Grecs massacrés dans la tente de Tissapherne.*

Le tome IV a 5 estampes. 1ʳᵉ. *Estampe.* Αν. 3, 2, 33, pag. 2, *Chirisophe délibérant par mains levées.* — 2ᵉ. *Est.* Αν. 4, 3, 17, pag. 94. *Sacrifice à un fleuve.* — 3ᵉ. *Est.* Αν. 5, 4, 17 et 18, pag. 208. *Des vainqueurs féroces dansent et chantent, tenant en main des têtes de vaincus.* — 4ᵉ. *Est.* Αν. 6, 1, 12, pag. 324. *Pyrrhique dansée.* — 5ᵉ. *Est.* Αν. 7, 1, 25, pag. 720. *Xénophon s'oppose au pillage.*

Le Tome V a onze estampes. 1ʳᵉ. *Estampe. Xénophon, l'abeille attique.* Au frontispice. — 2ᵉ. *Est.* E. 1, 1, 3, pag. 2. *Mindare sacrifiant à Minerve.* — 3ᵉ. *Est.* E. 2, 3, 52, pag. 100. *Théramène s'élance sur l'autel de Vesta.* — 4ᵉ. *Est.* E, 3, 1, 14, pag. 202. *Médias assassine Mania.* — 5ᵉ. *Est.* E, 4, 1, 30, pag. 308. *Entrevue d'Agésilas et de Pharnabaze.* — 6ᵉ. *Est.* E, 5, 4, 2-9, pag. 446. *Léontiade tué par*

Phillydas, — 7ᵉ. *Est.* E , 6 , 4 , 14 , pag. 574. *La muse de l'histoire supplée au silence de Xénophon.* — 8ᵉ. *Est.* E , 6 , 4 , 16 , pag. 645. — 9ᵉ. *Est.* E , 6 , 5 , 25 , pag. 681. *Le vieux Ischolaüs nouveau Léonidas.* — 10ᵉ. *Est.* 7 , 5 , 20 , pag. 704. *Boucliers béotiens.* — 11ᵉ *Est.* E , 7 , 5 , 25 , pag. 704. *Mort d'Épaminondas.* Les 10ᵉ. et 11ᵉ. estampes sont renvoyées à la page 704. Mais la mort d'Épaminondas sera placée la 1ʳᵉ. —A la fin du volume se trouvaient des médailles dont parle la notice des estampes pag. XVIII.

Le tome VI à trois estampes. 1ʳᵉ *Estampe.* Au frontispice. *Portrait de Socrate.* — 2ᵉ. *Est.* O , 1 , 1 , pag. 428. *Un grec donnant à son épouse des leçons d'économie.* — 3ᵉ. *Est.* Ἀπολ. *Apologie de Socrate,* pag. 638.

NOTIONS GÉNÉRALES ET PRÉLIMINAIRES.

Pour présenter les faits dans un ordre méthodique et facile, nous indiquons trois ères : 1°. l'ère vulgaire qui commence à la naissance de J.-C. On part de cette ère soit pour remonter vers les premiers siècles, soit pour se rapprocher de celui dans lequel nous vivons. 2°. L'ère des Grecs, qui commence à la première olympiade, 776 ans av. J.-C. (Voyez à la fin du vol. le tableau synoptique). 3°. L'ère des Romains, espace de 5 années appelée *Lustre.* L'idée de cette indication en marge des trois ères est due à M. Larcher. Nous avons cru devoir supprimer les années de la période julienne.

Indication abrégée des principaux faits.

	Pag.	Ann. av. J.-C.
41e. Sièclc. Création du monde en sept jours.	1	4004
40e. Sièc. Les fils d'Adam distingués en postérités de Caïn et de Seth.	2	4000
31e. Sièc. Hénoch transporté au ciel.	ib.	3017
24e. Sièc. Noé ou le déluge.	3	2348
23e. Sièc. Construction de la tour de Babel.	ib.	2247
— Première dynastie des empereurs Chinois.	4	2207
22e. Sièc. Commencement de l'histoire d'Égypte.	5	2126
21e. Sièc. Commencement de l'empire d'Assyrie.	6	2057
20e. Sièc. Naissance d'Abraham.	ib.	1996
— Inachus fonde Argos.	ib.	1986
— Sémiramis en Assyrie.	8	1916
19e. Sièc. Sacrifice d'Isaac.	9	1871
— Culte du bœuf Apis en Égypte.	ib.	ib.
18e. Sièc. Déluge d'Ogygès.	10	1759
17e. Sièc. Naissance de Moïse.	11	1611
16e. Sièc. Fondation d'Athènes.	12	1570
— Déluge de Deucalion.	14	1529
— Conseil des Amphictyons.	ib.	1522
15e. Sièc. La loi écrite.	15	1491
— Sésostris, roi d'Égypte.	16	1490
— Sortie de l'Égypte.	ib.	ib.
— Entrée des Hébreux dans la terre promise.	ib.	1450
— Minos. — Les Hébreux. — Synchronisme.	18	1406
14e. Siec. Une partie de l'Attique, sous le nom d'Ionie, s'établit dans le Péloponnèse.	19	1400
— Corinthe fondée par Sisyphe.	21	1370
— Expédition des Argonautes.	23	1350
— Fondation de Mycènes par Persée.	24	1348
— Les Héraclides chassés du Péloponnèse.	26	1321

	Pag.	Ann. av. J.-C.
13e. Sièc. Prise de Troie.	29	1270
12e. Sièc. Cinquième et dernière expédition des Héraclides dans le Péloponnèse.	32	1190
— Mort de Codrus.	35	1132
11e. Sièc. Extermination des Méliens.	36	1116
— Saül, premier roi d'Israël.	37	1068
— Les Sicules.	ib.	1059
— David.	38	1055
— Salomon.	39	1016
10e. Siècle. Roboam et Jéroboam.	ib.	975
— Révolte de Bélésis et Arsacès.	40	907
9e. Sièc. Olympiade d'Iphitus.	41	884
— Athalie tuée, Joas lui succède.	42	878
— Lois de Lycurgue.	ib.	867
— Fondation de Carthage.	43	819
8e. Sièc. Première Olympiade de Corœbus.	45	776
— Fondation de Rome.	46	754
— Ère de Nabonassar.	48	747
— Première guerre de Messénie.	ib.	743
— Fin du royaume d'Israël.	52	721
— Déjocès en Médie.	55	709
7e. Sièc. Deuxième guerre de Messénie.	57, 58	682
— Commencement de l'histoire du Japon.	61	660
— Fondation de Byzance.	ib.	658
— Les Scythes envahissent l'Asie supérieure.	64	633
— Fin de l'empire d'Assyrie.	70	608
— Fondation de Marseille par des Phocæens venus de Phocæé, ville d'Ionie.	72	600
— Première guerre sacrée ou phocique.	74	ib.
6e. Sièc. Astyage, roi des Mèdes.	82	597
— Législation de Solon.	83	594
— Anacharsis.	84, 85	592
— Fin du royaume de Juda.	85, 86	585
— Pisistrate à Athènes.	90	561
— Cyrus prend Babylone.	97	538
— Fin de la captivité des Hébreux.	98	ib.
— Psamménite vaincu par Cambyse.	101	525
— Fin de la tyrannie des *Pisistratides*, nom qui désigne les deux fils de Pisistrate, Hipparque (1) et Hippias.	107	510
— Consuls à Rome.	108 *sq.*	509
5e. Sièc. Monarque de Sicile appellé *Hellen*.	116	496
— Mardonius marche contre Athènes.	117	495
— Bataille de Marathon.	120	490

(1) Dans notre *Anthologie poétique*, pag. 39 *sq.*, nous établissons, contre l'illustre Meiners qui nous approuve, que l'éloge donné par Platon à Hipparque n'est qu'une véritable ironie socratique. Des deux fils de Pisistrate, Hipparque, comme on sait, fut massacré par Harmodius et Aristogiton. Quant à Hippias, qui échappa à leurs coups, il fut chassé d'Athènes trois ans après la mort de son frère, et se retira à la cour de Darius, où il contribua par ses conseils à la guerre des Perses contre les Grecs.

	Pag.	Ann. av. J.-C.
5ᵉ. Siècle. Xerxès, roi de Perse.	123	485
— Combat des Thermopyles.	126	480
— Léonidas et Eurytus.	128 sq.	ib.
— Bataille de Salamine.	130	ib.
— Bataille de Platée.	132, 133	479
— Victoire remportée à Mycale, le jour même de la bataille de Platée.	133	ib.
— Confucius à la Chine.	ib.	ib.
— Les Athéniens, après la bataille de Platée, rétablissent leurs murs, tandis que les Lacédémoniens chassent de l'Hellespont les garnisons perses.	134	478
— Pausanias, sa fin.	135	477
— Les Athéniens, vainqueurs de Thasos. Synchronisme.	140 sq.	466
— Troisième guerre de Messénie.	142 sq.	465
— Point de Messénie sur les cartes faites pour l'époque de la guerre du Péloponnèse.	144	ib.
— Seconde guerre sacrée.	148	458
— Les Thébains déconsidérés veulent rendre à Thèbes son ancienne splendeur. Les Athéniens envoient contre eux Myronidès, général trop peu connu.	149 sq.	457
— Exploits de Tolmidès.	151	456
— Fin de la troisième guerre de Messénie.	152	ib.
— Quatrième guerre de Messénie.	153	ib.
— Hérodote lisant son histoire à l'Olympie.	154	ib.
— Exploits de Périclès.	155	453
— Athéniens battus à Coronée. Résultats de cette défaite.	158	447
— Naissance de Xénophon.	ib.	446
— L'athée Protagoras chassé d'Athènes.	161	443
— Instrumens de guerre employés pour la première fois.	162	441
— Guerre corinthiaque.	164 sq.	439
— Bataille mémorable des Sybotes.	167	436
— Siége de Potidée.	168 sq.	435
— Méton. Son ennéadécaétéride.	169	433
— Guerre du Péloponnèse.	170—181	431
— Violation du droit des gens.	185	430
— Oraison funèbre des guerriers morts dans les combats. — Peste d'Athènes.	185 sq.	ib.
— Mort de Périclès.	188	429
— Siége de Platée.	190	ib.
— Phormion, vainqueur avec une flotte bien inférieure.	191	ib.
— Expédition remarquable de Sitalcès.	193	ib.
— Nouvelle invasion du Péloponnèse dans l'Attique, suivie de la défection de Lesbos. Siége de Mitylène.	194	ib.
— Destruction de Platée que la foi des sermens aurait dû rendre sacrée.	196	427
— Événemens qui signalent la fin de la cinquième ann. et la sixième de la guerre du Péloponnèse.	200	426
— Siége de Sphactrie.	201	ib.
— Synchronisme.	202	424
— Incendie du temple de Junon.	205	423
— Distinction entre *hiéron*, enceinte sacrée ; et *temple*, partie de l'hiéron.	ib.	ib.

	Pag.	Ann. av. J.-C.
5ᵉ. Siècle. Première bataille de Mantinée dont jamais nul moderne n'a fait mention.	208, 209	418
— Expédition des Athéniens en Sicile.	209 *sq.*	416
— Expédition contre Mycalesse.	212	413
— Quatre cents citoyens gouvernent Athènes, etc.	213 *sq.*	412
— Victoire de Thrasybule sur l'Hellespont.	215	410
— Les Mèdes révoltés et soumis.	216	408
— Bataille des Arginuses.	218	406
— Prise d'Athènes. — Lysandre.	219	404
— Démocratie rétablie à Athènes et amnistie proclamée.	220	*ib.*
— Expédition des dix mille.	221	403
4ᵉ. Sièc. Mort de Socrate.	224	399
— Les Lacédémoniens perdent l'empire de la mer.	227	394
— Les Thébains vaincus à Coronée.	228	393
— Paix d'Antalcide.	230	387
— Guerre olynthiaque.	232	381
— Platée détruite pour la deuxième fois.	239	373
— Épaminondas. Bataille de Leuctres.	240	371
— Expédition d'Épaminondas dans la Laconie.	242	370
— Les Éléens et les Arcadiens se disputent l'hiéron de l'Olympie.	245	364
— Ischolaüs, nouveau Léonidas.	246	363
— Deuxième bataille de Mantinée (à tort dite la première).	247	362
— Avènement de Philippe au trône de Macédoine.	248	360
— Guerre sociale. (Charès.).	248—257	*ib.*
— Commencement (et fin) de la troisième guerre sacrée, de cette guerre qui précéda de peu la bataille de Chéronée, et amena l'asservissement de la Grèce.	250—254	356
— Timoléon en Sicile.	256—260	345
— Bataille de Chéronée.	258	338
— Alexandre passe en Asie.	260	334
— Bataille d'Arbèles.	262	331
— Mort d'Alexandre.	266	323
— Bataille d'Ipsus.	272	301
3ᵉ. Sièc. Version des livres saints de l'hébreu en grec.	274	284
— Brennus aux Thermopyles.	276	280
— Guerres puniques.	281	264
— Arsace fonde l'empire des Parthes.	283	250
— Fin de la première race des Héraclides à Sparte.	286	221
— Philopémen. Troisième (et non deuxième) bataille de Mantinée.	287	206
2ᵉ. Sièc. Macédoine réduite en province romaine.	288	148
— Prise de Carthage.	290	146
— Aristobule.	*ib.*	*ib.*
1ᵉʳ. Sièc. Prise d'Athènes, etc. — Ère vulgaire.	290	86

NOTICE ET INDEX

*Des Estampes représentant les principaux faits de l'histoire,
et pouvant orner, à la volonté des amateurs, ou le volume
des Tableaux chronologiques, ou toutes les éditions in-8.
et in-4°. d'Hérodote, de Thucydide et de Xénophon.
— Noms des dessinateurs et graveurs. — Notice sur
M. Boichot, dont plusieurs dessins, exposés au Salon,
ont attiré l'attention du public, et mérité un éloge écrit
de M. David.*

A la suite de ces tableaux historiques et chronologiques, viennent naturellement les estampes
représentant les principaux faits de l'histoire.

MM. Fragonard, le Barbier, Moitte et Chaudet,
de l'institut de France ; M. Moreau, de l'ancienne
académie royale de peinture, M. Fragonard et
M. Boichot, correspondant de l'institut : voilà les
dessinateurs (1) qui ont bien voulu embellir la collection complète de mes œuvres. M. David se res-
souvenant que M. Jules David, son fils, savant
helléniste, avait été l'un de mes auditeurs, a bien
voulu me donner des conseils pour plusieurs de ces
dessins. Je ne donnerai que l'index des estampes
relatives à Hérodote, Thucydide et Xénophon : et

---

(1) Les graveurs sont MM. Ingouf, Gaucher, de Lignon,
Dambrun, etc.

dans cet *index* seront décrits même six dessins (1) originaux non gravés qui se reconnaissent à une étoile.

Nommer MM. le Barbier, Moitte, Chaudet, Moreau, Fragonard, c'est faire leur éloge : on n'a pas le même avantage lorsqu'on a prononcé le nom de M. Boichot, plus célèbre comme sculpteur que comme dessinateur. Il ne sera donc pas hors de propos de dire un mot de cet artiste dont plusieurs dessins, exposés au Salon, ont attiré l'attention du public et mérité un éloge écrit de M. David. (Voy. *Infr.* pag. vi.)

NOTICE SUR M. BOICHOT.

Il est des hommes laborieux dont le génie et les talens ne suffisent pas toujours pour les faire apprécier de leur vivant. Enthousiastes de leur art, occupés sans relâche de leurs travaux, ils consacrent avec une douce satisfaction, à leur famille et à quelques amis sincères, le peu de loisir qu'ils dérobent à leurs études. Aussi ennemis de l'intrigue que peu disposés, pour se faire des protecteurs, à perdre un temps précieux, il n'est pas rare qu'ils se voient enlever la récompense glorieuse de nom-

---

(1) Nous en possédons non pas six, mais peut-être vingt non gravés, qui eussent perdu à être réduits. M. Boichot ne pouvait s'asservir à des dessins de médiocre grandeur.

breuses années d'études et de travaux. Tel est l'artiste dont je vais donner une notice.

M. Boichot, sculpteur, membre de l'ancienne académie de peinture et sculpture, et correspondant de
l'Institut, au sortir de l'enfance, entraîné par un
penchant irrésistible dans la carrière des arts, fit ses
premiers essais dans la capitale de la France, sous
des hommes célèbres, qui devinèrent ses grandes
dispositions et lui facilitèrent bientôt le voyage
d'Italie. Ce fut sur cette terre classique, dans cette
ancienne patrie des arts, que M. Boichot puisa
promptement une grande pureté de goût et la con-
naissance du vrai beau. Son génie se développa,
son âme fut électrisée à la vue des nombreux chefs-
d'œuvre sortis des plus célèbres ateliers de la Grèce
et de l'Italie, et que le temps avait épargnés. Trois
voyages à Rome, à trois époques différentes, per-
fectionnèrent son talent, sans étancher la soif qui
le pressait d'étudier et de contempler avec admiration les beaux restes de l'antiquité.

Il revint cependant à Châlons-sur-Saône, sa patrie,
et fut chargé d'ériger dans l'église Saint-Marcel, située
à un quart de lieue de cette ville (1), un monument

---

(1) Le monastère de Saint-Marcel-lès-Châlons, prieuré de
l'ordre de Clugny, fondé par Gontran, roi de Bourgogne,
était situé dans la position la plus riante et la plus agréable.
Ce fut dans cette maison que le célèbre et trop malheureux
Abélard termina sa carrière. Un tombeau, sur lequel on

important par son volume et son objet. Il était com-
posé de deux anges destinés à supporter la pré-
cieuse châsse dans laquelle étaient les reliques du
patron de ce couvent. Ces figures, en pierre du
pays, ont sept pieds de proportion; leur élégance,
leur grâce, leur pose véritablement aérienne,
rendent cette sculpture digne de l'attention des con-
naisseurs. M. Boichot employa trois ans à l'exécuter,
et la main meurtrière des vandales de 1793 l'a
heureusement respectée : le pape Pie VII, retournant
de France en Italie, se détourna pour aller au prieuré
de Saint - Marcel, visiter le monument. On voit
près de ce monument dont il est parlé dans l'Encyclopédie, à l'article *Châlons*, un tableau de grande

---

voyait sa figure étendue, et que les habitans de la paroisse
venaient invoquer et mutiler, reçut d'abord sa dépouille.
Lorsque la haine qui avait poursuivi Abélard pendant sa vie,
fut éteinte par son trépas, ses restes, transportés au Paraclet,
furent réunis à ceux d'Héloïse. Le tombeau d'Abélard fut conservé quoique vide, et l'on voyait au-dessus une inscription
en pierre qui commençait par ces mots : *Hic primò jacuit
Abelardus*, *vir insignis*, etc. Lors de l'abolition des couvens
en France, le monastère de Saint-Marcel fut vendu, et par
suite détruit : on conserva l'église seule, comme paroisse ;
mais le tombeau d'Abélard fut brisé et dispersé : un médecin
de Châlons en recueillit les débris, quelque temps après
transportés à Paris, placés d'abord dans le monument érigé
au Musée français, à la mémoire de ces deux illustres et
malheureux amans; et maintenant au cimetière du père
Lachaise.

dimension (1), représentant la première prédication de Saint-Pierre à Jérusalem, qui prouve que M. Boichot est aussi bon peintre qu'habile sculpteur.

Il est également question dans l'Encyclopédie, à l'article *Montmartre*, d'un bas-relief exécuté par cet artiste, et qui décorait l'autel principal de l'église; il a été détruit pendant la révolution. Il a peint une sainte Famille pour la cathédrale de Montauban. Il existe encore à Paris plusieurs de ses ouvrages, qui peuvent donner une idée de son talent : les principaux sont, l'Hercule assis, et le bas-relief (2) du milieu, autrefois dans le porche de la nouvelle église Sainte-Geneviève; une statue de saint-Roch, dans la paroisse de ce nom; les fleuves qui décorent les côtés du grand portique de l'arc-de-triomphe des Tuileries, bas-reliefs dans lesquels on retrouve le style et la manière facile et gracieuse de Jean Goujon, dont M. Boichot est l'admirateur et l'heureux imi-

---

(1) Ce beau tableau avait tellement souffert de l'humidité pendant la révolution, que plusieurs parties en paraissaient entièrement perdues. Mademoiselle Grivaud, sourde et muette de naissance, osa entreprendre sa restauration; elle réussit, au point que la municipalité de Saint-Marcel crut devoir venir en corps la remercier de la tâche qu'elle avait gratuitement et parfaitement remplie.

(2) C'est son ami, M. Le Bas de Courmont, qui a les dessins de ce bas-relief, ainsi que ceux du monument de l'église Saint-Marcel.

tateur ; enfin , le bas-relief du palais du Corps législatif, représentant l'entrevue des deux Empereurs sur le Niémen. Il a coopéré encore à la magnifique colonne destinée à transmettre à la postérité les hauts faits de nos héros. Ces ouvrages sont autant de monumens que l'envie ne peut anéantir, et qui doivent placer leur laborieux auteur au rang des artistes célèbres que la France s'honore d'avoir produits.

Je ne puis mieux terminer que par ce mot de M. David, qui, après avoir contemplé les dessins de M. Boichot, m'écrit : *Monsieur Gail, vous possédez des chef-d'œuvres ; les dessins de M. Boichot tiennent singulièrement du grand caractère de l'école de Florence ; et bien souvent, on seroit tenté de les attribuer aux chefs de cette école fameuse.*

Estampes d'Hérodote.

1re. *Estampe*, au frontispice. *Hérodote lisant son histoire aux Grecs réunis pour la célébration des jeux dans l'hiéron de l'Olympie.* Thucydide, présent à cette lecture (olymp. LXXXI, 1re. ann.), verse des larmes d'émulation. (*Voy.* Dodwel, *Apparatus ad annales Thucyd. sect* 18.)

IIe. *Estampe* (liv. 1, c. 31). *Cléobis et Biton.* Voici le sujet : « Les Argiens célébraient la fête de Junon. Il fallait absolument que la prêtresse fût portée à l'*Hiéron* sur un char. Cependant les bœufs

qu'on devait amener des champs n'étaient pas arrivés. Les deux fils de la prêtresse, pressés par le
temps, s'attachèrent eux-mêmes sous le joug, traî-
nèrent le char, parcoururent ainsi 45 stades et ar-
rivèrent dans l'*hiéron*. Après cette action, qui eut
toute l'assemblée pour témoin, les dieux leur ac-
cordèrent la fin la plus heureuse. La prière finie,
le sacrifice et le banquet terminés, les deux jeunes
gens s'endormirent dans l'*hiéron* même, et ne se
relevèrent plus; leur vie s'évanouit dans le sommeil.
Les Argiens leur érigèrent des statues qu'il consa-
crèrent dans l'*hiéron* des Delphiens. » L'artiste a
représenté le moment où Cléobis et Biton descendent du char leur mère arrivée dans l'*hiéron*. Trop
fidèle à la version de MM. Larcher et Rollin, laquelle
suppose que le char conduit la prêtresse au temple
proprement dit, l'artiste a fait arrêter le char à
l'entrée du temple: mais je crois avoir démontré
ailleurs, 1°. qu'il s'agit ici non du temple proprement dit, mais de l'*hiéron* qui renferme le temple ; 2°. que le char introduit la prêtresse dans
l'*hiéron*, et non à l'entrée de cet *hiéron*. (Texte,
pag. 18.)

* iii°. *Estampe* (liv. 1, c. 86, 87, 88, 89). Crésus,
prisonnier de Cyrus, fut condamné par le vainqueur
à être brûlé vif. On dressa donc le bûcher. L'in-
fortuné Crésus, ayant été mis sur le bûcher, au
moment de l'exécution, se rappela son entretien
avec Solon, et, reconnaissant la vérité de ses avis,
s'écria trois fois: *Solon, Solon, Solon !* Cyrus,

présent à ce spectacle avec les principaux de sa
cour, ayant appris pourquoi, dans cette extrémité,
il prononçait avec tant de vivacité le nom de ce
philosophe, touché de l'incertitude des choses hu-
maines et du malheur de ce prince, le fit retirer
du bûcher et l'honora toujours pendant qu'il vécut.
Ainsi le sage Solon eut la gloire d'avoir, d'un seul
mot, sauvé la vie à l'un de ces deux rois et donné
une salutaire instruction à l'autre. L'artiste représente le moment où Crésus descend du bûcher,
immobile, interdit, croyant à peine à la révoca-
tion de l'arrêt fatal, et soutenu par deux hommes
de la suite du roi.

* IVe. *Estampe* (liv. 2 , c. 40). *Sacrifice à la
déesse Isis que les Égyptiens regardent comme la
plus grande de toutes les divinités.* « Après s'être
préparés à la fête par des jeûnes et des prières ; les
Égyptiens lui sacrifient un bœuf. » Le dessin représente l'intérieur d'un temple d'architecture égyptienne, dans l'intérieur duquel est la statue d'Isis.
On amène, au son des instrumens, un bœuf près
d'être immolé par les victimaires. Une autre circonstance qui mérite d'être représentée est celle des
Égyptiens se frappant tous, tandis que la victime
brûle. (Texte, pag. 173.)

* V^e. *Estampe* (liv. 3 , c. 30). Smerdis, en
présence de son frère Cambyse, bande à deux
doigts près l'arc envoyé par le roi d'Æthiopie. Près
de lui sont les Perses, qui, avant lui ont vainement
essayé de bander l'arc. Leur attitude exprime tout

à la fois la honte d'avoir échoué, et la fatigue d'une
pénible et vaine tentative.

* vi^e. *Estampe* (liv. 3, c. 28 et 29). *Mort du dieu
Apis.* « Les prêtres égyptiens amènent le dieu
Apis : Cambyse, en furieux, tire son poignard pour
le frapper dans le ventre, mais ne le frappe qu'à
la cuisse. Scélérats, leur dit-il, vos dieux ressentent
donc les atteintes du fer. Non, vous ne m'aurez pas
joué impunément. Aussitôt il fit fustiger les prêtres.»
Le tableau représente deux actions, celle de Cambyse frappant le dieu Apis, et celle du châtiment
des prêtres. Le fond représente le temple du dieu
Apis et autres monumens de la ville de Mem-
phis.

(Au lieu *d'un temple*, il eût fallu, d'après Hérodote,
3, 29, représenter un *hiéron*). Nous espérons publier cette année ou dans la suivante, des dessins
de temples et hiérons égyptiens.

viie. *Estampe* (liv. 3, c. 75, 79). *Les mages
usurpateurs décapités.* Darius et Gobryas, après
avoir tué les mages usurpateurs, leur coupent la
tête qu'ils présentent aux Perses. Ceux-ci, indignés de la fourberie des mages, mettant l'épée à
la main, tuèrent tous les mages qu'ils rencontrè-
rent : journée célébrée par une fête solennelle, appelée *Magophonie* (*le massacre des mages*). La
scène se passe devant le palais ; la citadelle est dans
le fond du tableau : la figure placée sur le devant,
montre au peuple, pour l'irriter, les têtes des usurpateurs. (Texte, pag. 324 *sq.*)

**

* vııı^e. *Estampe* (liv. 3 , c. 86). « Le trône vaquait par la mort des mages usurpateurs. Les sept Perses qui s'étoient insurgés contre les mages, tinrent conseil sur l'état des affaires. Darius, parlant le troisième, opine pour le gouvernement monarchique (ııı, 82) : mais comment élire le nouveau roi ? A la suite de longs débats, il fut décidé que le lendemain matin (ııı , 84) les sept prétendans se rendroient à cheval dans la ville et que l'on reconnaîtrait roi celui dont le cheval hennirait le premier , au lever du soleil. Grâce au moyen employé par son écuyer (ııı , 85), le cheval de Darius hennit le premier ; et, comme si le ciel était d'intelligence avec Darius, les éclairs brillèrent , le tonnerre se fit entendre. A cette sorte d'inauguration divine , les cinq seigneurs Perses descendent de cheval , se prosternent aux pieds de Darius et le reconnaissent roi.» L'artiste a eu grand soin d'indiquer dans le tableau la circonstance du tonnerre qui gronde. Le lever du soleil à l'horizon rappelle celle de l'élection faite au lever du soleil.

ıx^e. *Estampe* (liv. 4 , c. 162). « Phérétime , mère d'Arcésilas , arrive à la cour d'Évelthon, lui demande des troupes pour se rétablir à Cyrène elle et son fils. Le prince l'accueille , mais lui donne plus volontiers toute autre chose qu'une armée. Phérétime acceptait tous ses présens, mais en lui répétant que le plus honorable de tous serait une armée. Évelthon, fatigué de sa remarque trop souvent répétée , finit par lui envoyer un fuseau d'or

avec une quenouille revêtue de laine , en lui obser-
vant qu'on offrait aux femmes une quenouille et
non pas des armées. » La scène est au palais d'Évelthon. L'artiste représente le moment où l'on offre
la quenouille à Phérétime. Dans le fond du tableau,
on voit un garde et des gens de la cour; près de
la reine, des femmes de sa suite. (Texte, pag. 474.)

x^e. *Estampe* (liv. 5 , c. 12, 13). *Une femme
Pœonienne , portant un vase sur la tête, menant un
cheval par la bride et filant du lin, donne à Darius
l'idée du transport d'une partie des Pœoniens d'Europe en Asie.* « A la vue d'une femme si différente
dans sa conduite des femmes de Perse, de Lydie et
même du reste de l'Asie, Darius ordonne à des
gardes de la suivre : ils obéissent. Elle va à la ri-
vière, fait boire son cheval, remplit d'eau sa cruche, puis revient par le même chemin, la cruche
sur sa tête, la bride du cheval passée autour du bras,
et tournant son fuseau. — Les Pœoniennes sont-
elles toutes aussi laborieuses, dit le roi aux frères
de cette femme qui se trouvoient près de lui comme
par hasard ? — Oui, seigneur. — Sur cette réponse,
Darius ordonna au général Mégabaze de faire sortir
les Pœoniens de leur pays et de les lui amener
avec leurs femmes et leurs enfans. Ainsi les Pœoniens Pigrès et Mastyès devinrent tyrans de leur
patrie en partie dépeuplée. » Au moment où Darius
examinait leur sœur, il ne portait probablement
pas la couronne que lui donne l'artiste. Il l'a représenté assis sur le premier siége que le hasard lui a

présenté à l'entrée du faubourg. *Voy.* la note de
Valcken. à ce sujet. (Texte , pag. 5o3).

xı*. *Estampe* (liv. 6 , c. 6ı). « Ariston , roi
de Sparte, quite sa seconde femme et en épouse
une troisième, qui , très-laïde en naissant,
portée tous les jours dans l'*hiéron* d'Hélène , était
devenue, par un miraculeux attouchement, la plus
belle femme de Sparte. » (Texte , pag. 34.)

* xıı*. *Estampe* (liv. 7 , c. 64 , 66). *Intrépi-
dité de Sperthiès , fils d'Anériste , et de Boulis ,
fils de Nicolaos.* Sparte avait jeté dans un puits
des hérauts de Xerxès. Les entrailles des victimes
cessant à Sparte d'être favorables (7 , 64), on de-
mandait , dans de fréquentes assemblées, qui vou-
drait mourir pour le salut de Sparte. Alors Sperthiès et Boulis , tous deux riches et d'une famille
distinguée, s'offrirent d'eux-mêmes à la peine que
leur infligerait Xerxès pour le meurtre des hérauts
assassinés à Sparte. Ils partent comme pour une mort
certaine. A leur arrivée à Suze, à l'audience du roi
(vıı , 66), les gardes leur ordonnèrent de se pro-
sterner ; mais ils protestèrent qu'ils n'en feraient
rien. Voilà des Spartiates dignes de leur nom. Xerxès ne leur céda point en magnanimité. *Vous venez,*
leur dit-il , *expier par votre mort celle de mes hérauts qui ont péri à Sparte ; pour moi je ne ressem-
blerai pas aux Lacédémoniens qui ont violé le droit
des gens : vous faire mourir, ce serait justifier Lacédémone.* » Il est presque inutile d'avertir que le
garde qui se prosterne, se donne aux Spartiates

pour exemple de l'acte d'adoration qu'il leur commande.

XIIIe. *Estampe* (liv. 7 , c. 229). *Mort de Léonidas aux Thermopyles.* « Au nom de Léonidas on doit associer celui d'Eurytus qui', étant détenu au lit à Alpènes pour un grand mal d'yeux , et pouvant, sans honte , retourner dans sa patrie , à la nouvelle de l'approche des Perses , demanda ses armes , s'en revêtit et se fit conduire par son hilote sur le champ de bataille. » Sur cet acte de dévouement représenté dans le tableau , et sur les inscriptions faites à ce sujet ; *voy.* les chap. 108, 109, et les notes. (Texte , pag. 218).

XIVe. *Estampe* (liv. 8 , c. 37). *Apollon punit les barbares approchant du temple de Minerve Pronéa.* Ce temple était situé dans l'*hiéron* d'Apollon. Au moment représenté par l'artiste , la foudre tombe , des quartiers de rocher se détachent du Parnasse, des cris de guerre sortent de la bouche des personnages que l'on aperçoit aux portes du temple. (Texte , pag. 243). (Au lieu de *temple de Minerve* , idée préférée par l'artiste, le texte dit, *hiéron de Minerve* : car un *hiéron* (terme générique) avait *des temples* , partie de l'hiéron , et souvent aussi des *petits hiérons* , distincts des temples, et qui alors n'étaient que partie du grand *hiéron. Voy.* dans mon *philologue* , t. 1 , ma *dissert. sur les hiérons.*

XVe. *Estampe* (liv. IX , c. 5). *Le sénateur Lycidas lapidé.* « Un envoyé de Mardonius fait une

proposition au sénat d'Athènes. Le sénateur Lycidas l'approuve : aussitôt les Athéniens, indignés,
se rassemblent autour de lui.et le lapident.»Le fond
du tableau représente une colonne érigée au milieu
de la place publique et portant Minerve. Les atti-
tudes des personnages , le style du dessin, la fierté
du caractère, rappellent et l'école de Florence et
ce grand Michel-Ange que M. Boichot fait revivre
parmi nous.

Estampes de Thucydide.

1re. *Estampe*, au frontispice. *Portrait de Thucydide.*

11e. *Estampe* (liv. 1, 136). Thémistocle , os-
tracisé et informé que les Athéniens, d'acord avec
ceux de Lacédémone, se disposaient à le mettre en
jugement , se réfugie à la cour d'Admète , roi des
Molosses; et, en l'absence de ce prince , qui lui est
peu favorable, il se rend le suppliant de la reine
qui lui conseille de s'asseoir près du foyer : il tient
leur enfant dans ses bras. La scène se passe dans le
vestibule : le suppliant se tient assis sur les degrés
du foyer. (Sur cette posture de suppliant , *voy.* mes
Observ. sur Thuc.)

111e. *Estampe* (liv. 2, c. 34 sq.). *Cérémonies
funèbres célébrées à Athènes en l'honneur des guerriers morts dans la première année de la guerre du
Péloponnèse.* Les cercueils , couvert de cyprès, arrivent dans le Céramique (les Thuileries).

ıvᵉ. *Estampe* (liv. 2, c. 47). *Tableau de la
peste qui désole Athènes, la première année de la
guerre.* Thucydide, dans son texte, représente le
chien mourant à côté de son maître. Dans Lucrèce,
le chien meurt, non à côté de son maître, mais
dans les voies publiques. Si souvent traducteur de
Thucydide, pourquoi ici s'éloigne-t-il de son mo-
dèle ? Je serais tenté de faire le même reproche
au peintre qui a négligé une touchante circonstance.

vᵉ. *Estampe* (liv. 2, 74 sq.). *Siége de Platée,*
deux plans.

vıᵉ. *Estampe* (liv. 3, 53 sq.). Les Platéens,
forcés de se remettre à la direction des Lacédémoniens, plaident éloquemment leur cause.

vııᵉ. *Estampe* (liv. 4, 57,). Les Athéniens,
après avoir mis le feu à la ville de Thyrée,
retournèrent à Athènes, emmenant ceux des
Éginètes qui n'avaient pas péri dans l'action, et
Tantale, fils de Patrocle, qui les commandait pour
les Lacédémoniens. Les Éginètes furent mis à
mort : on emprisonna Tantale.

vıııᵉ. *Estampe* (liv. 5, 84). *Prise de Mélos
par les Athéniens.* La prise de Mélos et la conférence
qui la précéda, sont deux événemens remarquables
dont le nom n'est pas même prononcé par Rollin
et autres. Quant au sens du texte grec (Thuc. 5,
85 *sq.*), il avait été fort peu discuté avant nous.
Les Athéniens déploient dans cette conférence les
principes tyranniques qui devaient régir une répu-

blique, ambitieuse, conquérante, et chez qui le gouvernement démocratique, du temps de Périclès, ne subsistait que de nom. Le peuple alors, pourvu qu'on lui laissât les formes républicaines, se soumettait à la domination du premier citoyen.

... ix*. *Estampe* (liv. 6, 3o). *Départ des Athéniens pour l'expédition de la Sicile.*

x*. *Estampe* (liv. 7, 75). *Départ des Athéniens vaincus et s'éloignant de la Sicile.*

xi*. *Estampe* (liv. 8, 84, 1 *sq.*). « Les matelots de Syracuses et de Thurium demandaient la paye. Astyochus, général lacédémonien, mit de la hauteur dans sa réponse, menaça même le Lacédémonien Doriée, qui joignoit ses réclamations à celles des matelots qu'il commandait, et en vint jusqu'à lever sur lui la canne. A ce geste, les matelots, violens comme des gens de mer, accourent, en criant, pour se jeter sur lui. Il prévoit le danger et se réfugie près d'un autel.» Hudson (Thucyd. viii, 84) observe que les généraux lacédémoniens portaient le bâton (βακτηρίαν) comme chez nous les maréchaux de France. Xénophon (*Anab.* 2, 3, 11) représente Cléarque, général lacédémonien, portant pareillement un bâton à sa main droite. En conclurons-nous que cet usage fût commun à toute la Grèce ? Un savant en doute. Voy. *Casaubon,* Charact. V, et Thucyd. de M. Beck, viii, 84.

ESTAMPES DE XÉNOPHON

TOME Ier.

Ire. *Estampe. Portrait de Xénophon , homme fait.*

IIe. *Estampe. République de Sparte* (ch. 1 , n°. 4 , p. 4). Le sujet est tiré de ces mots : « Lycurgue a commencé par établir des exercices du corps pour les femmes aussi-bien que pour les hommes; et il ne les a pas oubliées dans les ordonnances qui prescrivent aux jeunes gens la course et les combats où l'on déploie la force du corps , convaincu qu'un père et une mère robustes engendrent des enfans vigoureux. » Les épreuves de cette planche égarée chez le propriétaire sont maintenant très-rares.

IIIe. *Estampe. République d'Athènes* (ch. 1 , p. 72). Médailles relatives à Athènes et tirées du trésor de Béger , p. 258, 259. Ces médailles n'ayant pas été copiées sur l'antique, ne peuvent en avoir le caractère. Aucune médaille ne présente des contours aussi précis , des arêtes aussi vives. Les ornemens du casque de Minerve , dans les deux premières médailles de cette planche , me paraissent travestis à la moderne ; et dans le revers de la première, sans doute mal conservée, l'artiste a défiguré , ce me semble , l'inscription A Θ E qu'on y lisait auparavant , et dont l'A se trouvait probablement au-dessus de la tête du hibou , le Θ à la droite , et l'E au côté opposé : il a ensuite fait, je ne sais par quel motif, un trident de la dernière lettre , et ces médailles d'Athènes et celle du traité intitulé *Hiéron*, et celles du cinquième vol. que je ferai probablement graver de nouveau, me semblaient, ayant trop peu le caractère de l'antique, un ornement inutile. Mais je fus obligé de céder au vœu des personnes qui ont fait les frais de la collection des estampes.

IVe. *Estampe. De l'amélioration des finances d'Athènes* (Πόροι, ch. 1, p. 114). L'estampe représente Minerve , protectrice du commerce.

Ve. *Estampe. Le banquet de Xénophon* (ch. 9, n°. 6 , p. 168). Pantomime de deux bouffons représentant Ariadne et Bacchus. *Voy*. dans le Magas. encyclop., 22 germinal an XI , 5e. année , t. VI , Bacchus célébrant son mariage avec Ariadne; bas-relief qui orne un sarcophage appartenant au prélat Casali , à Rome, et expliqué par M. Boettiger. (C'est le texte de la p. 179 qui a inspiré le dessinateur.)

VIe. *Estampe. Éloge d'Agésilas* (ch. 1 , p. 282). L'estampe représente Agésilas et ses soldats couronnés de fleurs et consacrant leurs couronnes à Diane. (C'est le texte de la p. 299 qui a donné l'idée.)

VIIe. *Estampe. Hiéron ou le tyran* (ch. 1, p. 378). Médailles tirées du trésor de Béger, et faisant allusion aux victoires équestres remportées par Hiéron, tyran de Syracuses, préconisé par Pindare. *Voy*.

dans Béger, p. 158, 159, les remarques faites sur ces médailles.

viii°. *Estampe. Traité de l'équitation* (ch. 1, p. 454). L'estampe représente un *beau cheval*. On aurait pu mieux choisir, profitant du chapitre 8, qui offre la description d'une joute : on a été plus heureux dans l'indication du sujet pour le traité du commandant de la cavalerie.

ix°. *Estampe. L'Hipparchique* ou *le commandant de la cavalerie* (ch. 3, p. 540). L'estampe (dont le texte, p. 561, fournit l'idée) représente une pompe sacrée ; les escadrons font le tour des temples et des statues qui décorent la place publique.

TOME II.

1°. *Estampe* (liv. 1, 3, 1, p. 2). *La Cyropédie*, ou *histoire de Cyrus.* Cyrus, fils de Cambyse, roi de Perse (1, 2, 1), et de Mandane, fille d'Astyage, roi des Mèdes, est présenté par sa mère à son grand-père Astyage. (Voy. p. 31 du texte.)

ii°. *Estampe* (liv. 2, 1, 14, p. 144). *Cyrus fait apporter des armes et assembler tous les soldats perses.* Cyaxare, fils (ou prétendu fils, selon quelques-uns, voy. *Lexic. Xen.*) d'Astyage, indique ses forces et celles de l'ennemi à Cyrus qui propose de nouvelles armes aux Perses qui arrivent. (Texte, p. 157.)

iii°. *Estampe* (liv. 3, 1, 13 p. 238). *Ti-*

grane , *fils du roi d'Arménie, défendant son père.*
(Texte, p. 247.)

IV.º *Estampe* (liv. 4, 2, 10, p. 338). *Les Mèdes viennent en foule s'offrir à Cyrus.* (Texte, p. 360.)

V.º *Estampe* (liv. 5, 5, 36, p. 450). *Me permettez-vous de vous embrasser,* dit Cyrus à Cyaxare, à qui les talens de son neveu faisaient ombrage?—*Oui, si vous le désirez.* (Texte pag. 580.)

TOME III,

Contenant les livres VI, VII, VIII de la Cyropédie, et les livres I et II de l'*Anabase*, ou *expédition de Cyrus le jeune*, frère puîné d'*Artaxerxès*, dans l'*Asie supérieure*, ou retraite des *Dix-mille*.

I.re *Estampe* (liv. 6, 4, 10, p. 2). *Adieux d'Abradate et de Panthée.* (Texte, p. 91.)

II.º *Estampe* (liv. 7, 3, 14, p. 96). Panthée tire un poignard dont elle s'était munie depuis long-temps, se frappe; et, posant sa tête sur le sein de son mari, elle expire. (Texte, p. 151.)

III.º *Estampe* (liv. 8, 5, 19, p. 216). *La fille de Cyaxare couronnant son père.* (Texte p. 327.)

IV.º *Estampe,* liv. I.er de l'*Anabase* IV (1, 8, 27, p. 388). *Mort de Cyrus.* (Texte, p. 478.)

V.º *Estampe* (liv. 2, 5, 32, p. 504). Les généraux grecs dans la tente de Tissapherne, le-

quel avait accompagné Cyrus allant dans la Haute-
Asie. Ils sont massacrés. (Texte , p. 571.)

TOME IV,

Contenant les livres III, IV, V, VI et VII de l'*Anabase*.

Iʳᵉ. *Estampe* (liv. 3, 2, 33, p. 2). *Que tous
ceux qui sont de cet avis lèvent la main.* Mot du Lacédémonien Chirisophe (qui avait amené à Cyrus
le jeune sept cents hoplites) aux soldats convoqués
et délibérans. (Texte , p. 48.).

IIᵉ. *Estampe* (liv. 4, 3, 17, *sq.*, p. 94).
*Chirisophe traverse le Centrite, tandis que des sa-
crificateurs immolent des victimes en l'honneur du
fleuve* (ἐς τὸν ποταμὸν ἐσφαγιάζοντο), *et que l'ennemi
fait pleuvoir sur Chirisophe et sur son armée une
grêle de traits.* (Texte , p. 131.)

Cette locution ἐς est à préférer à εἰς, si toutefois
des manuscrits le portent). Τὸν ποταμὸν ἐσφαγιάζοντο
rappelle σφαγιασάμενοι οἱ Λακ. τῇ Ἀγροτέρᾳ τὴν Χίμαιραν ;
dans celle-ci σφαγ. se construit avec le datif, l'autre
σφαγι ἐς τὸν π., avec l'acc. Voyez, dans mes notes sur
Hérodote, des exemples de cette locution si souvent mal comprise, et par nous antérieurement à
nos recherches sur les prép. , et par tant d'autres.

IIIᵉ. *Estampe* (liv. 5, 4, 17, p. 208). *Les
vainqueurs coupèrent les têtes de ceux qu'ils avaient
tués et les montrèrent aux Mosynèques et aux Grecs,
en chantant un air de leur pays.* (Texte , p. 247.)

ᴵᵛᵉ. *Estampe* (liv. 6 , 1 , 12 , p. 324). *Pyrrhique dansée par une danseuse, esclave d'un Arcadien.* (Texte, p. 331.)

ᵛᵉ. *Estampe* (liv. 7, 1, 25, p. 420). *Xénophon s'oppose au pillage de Byzance, qui lui décerne le titre de bienfaiteur.* (Texte, p. 431.)

TOME V,

Contenant l'*Histoire grecque.*

ᴵʳᵉ. *Estampe* , au frontispice. *Xénophon jeune , représenté au milieu d'une belle campagne. Des abeilles voltigent autour de sa bouche. Clio accompagnée des autres Muses , le couronne , et le surnomme l'Abeille attique.*

ᴵᴵᵉ. *Estampe* (liv. 1, 1, 3 , p. 2). *Mindare, général lacédémonien , sacrifiant à Minerve,* invoquée non-seulement à Athènes, où elle était *Poliouchos;* mais encore hors d'Athènes , chez quantité de peuples autres même que les Grecs; et alors elle s'appelait Πολιάς. (Voy. mon *Philol.* t. 1, p. 10, 25.)

ᴵᴵᴵᵉ. *Estampe* (liv. 2, 3, 52 , p. 100). *Théramène , l'un des trente tyrans , effacé par Critias de la liste des trois mille et condamné à mort , s'élance sur l'autel de Vesta , et réclame contre l'acte tyrannique de son collègue.* (Texte, p. 162.)

ᴵᵛᵉ. *Estampe* (liv. 3, 1, 14, p. 202). *Médias assassine sa belle-mère Mania, satrape de l'Æolide; mais bientôt le Lacédémonien Dercyllidas*

lui enlève un héritage fruit d'un horrible forfait.
(Texte, p. 214.).

v°. *Estampe* (liv. 4 , 1 , 30, p. 308). *Entrevue d'Agésilas et de Pharnabaze.* Voici le texte qui a rapport à cette estampe : « Agésilas et les trente., couchés sur le gazon, attendaient Pharnabaze au lieu convenu. Pharnabaze arriva superbement vêtu; ses esclaves étendirent à terre des coussins , pour lui faire un siége délicat à la manière des Perses ; mais voyant la simplicité d'Agésilas , il eut honte de sa mollesse , et, comme lui, s'assit avec ses riches vêtemens sur la terre nue. » (Texte , p. 320.)

vi°. *Estampe* (liv. 5 , 4 , 2—9 , p. 446). Phyllidas, Thébain , tue son compatriote Léontiade , coupable d'avoir livré la Cadmée au Lacédémonien Phébidas. (Texte, p. 532.)

vii°. *Estampe* (liv. 6 , 4 , 14 , p. 574). Pour suppléer au silence de Xénophon, ici comme ailleurs beaucoup trop partial , la Muse de l'histoire grave sur un trophée le nom d'Épaminondas , vainqueur des Lacédémoniens à Leuctres. (Texte , p. 642.) Voy. *Infr.* la 9°. estampe , représentant le vieux Ischolaüs.

viii°. *Estampe* (liv. 6 , 4 , 16 , p. 644). *Lacédémoniens vaincus à Leuctres par le Thébain Épaminondas.* Xénophon garde sur le nom d'Épaminondas , vainqueur de Leuctres , un silence difficile à justifier ; mais du moins, il nous dépeint l'impression que fait à Lacédémone la nouvelle de

la défaite. « Elle arrive le dernier jour des Gym-
nopédies (fête où les enfans et même les hommes
faits , selon quelques-uns , s'exerçaient nus) , lorsque le chœur des hommes était sur la scène. Les
éphores, quoique affligés , laissèrent achever la célébration des jeux. On donna la liste des morts à
ceux qu'elle intéressait. le Lendemain , *il fallait
voir les parens des morts se promener gais et parés,
tandis que les proches de ceux qu'on annonçait vi-
vans ; et c'étoit le petit nombre, marchoient tristes
et la tête baissée.* »

ixe. *Estampe* (liv. 6 , 5 , 25 , p. 681). *Dévouement du vieux Ischolaüs, nouveau Léonidas.*
Je le qualifie de *nouveau Léonidas.* Xénophon
ne s'est pas chargé de transmettre à la postérité le
souvenir de son dévouement. (Voy. *Tabl. chronologiques* , pag. 146).

L'impression que fait à Lacédémone la nouvelle
de leur défaite à Leuctres me semblait d'abord un
sujet ingrat : comment en effet rendre dans un dessin les seules affections de l'âme ? Cependant , en
réfléchissant sur la dernière phrase, il m'a paru
qu'on ne s'écartoit pas trop du texte, en représentant d'une part un Lacédémonien rapporté mort
sur son bouclier, sa mère remerciant les dieux de
lui avoir donné un tel fils ; d'autre part, de jeunes
Lacédémoniens revenant, sans armes, sans bles-
sures, et mal accueillis par leurs mères. Ce contraste
me paroît heureusement rendu par l'illustre dessinateur. Je vois la joie animer les regards de la

mère du vainqueur, tandis que les mères des vaincus portent dans leurs yeux l'expression de l'indigna-
tion et du mépris pour leurs fils honteux et confus.

· ★ xᵉ. *Estampe* (liv. 7, 1, 44, p. 740). Euphron
le Sicyonien, grâces à Lacédémone, tenait à Sicyone le premier rang. Voulant conserver le même
crédit chez leurs adversaires, il engage ceux d'Argos
et d'Arcadie à le seconder dans son projet d'établir
la démocratie. Ils répondent à son vœu (7 , 1 ,
45) ; mais bientôt il aspire à la tyrannie (7, 1 ,
46), et, de concert avec les Thébains (7 , 2 , 5
et 11) , attaque la Phliasie, voisine et ennemie
de Sicyone (7 , 2 , 11) : la Phliasie, petite république dont Xénophon préconise l'attachement à
Sparte (7 , 2 , 1 et 9) , même après la bataille de
Leuctres (7 , 2, 2).

Cependant Énée de Stymphale, chef de l'Arcadie,
ne pouvant supporter le joug imposé aux Sicyo-
niens (7, 3 , 1), monte avec ses troupes à l'Acropole des Scyoniens. Euphron épouvanté se réfugie
au port de la Sicyonie, et, par l'entremise de Pasi-
mèle de Corinthe, livre le port aux Lacédémoniens.
Il avait, disait-il, constamment persévéré dans son
alliance avec Sparte. Mais bientôt l'inébranlable
ami des Lacédémoniens , voyant la division dans
Sicyone (7, 3, 2), lève dans Athènes des troupes
soldées (7 , 3 , 4), revient, et, secondé du parti
démocratique, de nouveau s'empare de la ville.
Cependant la citadelle était au pouvoir d'un har-
moste thébain. Ne pouvant être maître absolu tant
★★★★

que les Thébains auraient la citadelle, il se trans-
porte à Thèbes, dans l'espoir que ses largesses
persuaderaient aux Thébains d'exiler les grands
(7, 3, 5) : mais les premiers bannis, instruits
de son voyage, vont aussi à Thèbes (7, 3, 5);
déjà il avait gagné la faveur des magistrats : ils
l'égorgent dans la citadelle, sous les yeux des
magistrats et du sénat assemblé.

Les magistrats firent comparaître les meurtriers
devant le sénat (7, 3, 6 *sq.*). Ils nièrent le fait,
à l'exception d'un seul qui entreprit de se justifier
(7, 3, 7). Les juges prononcèrent qu'Euphron
avait subi un juste châtiment ; mais ses concitoyens
de Sicyone le jugeant homme de bien, remportèrent
son corps et lui donnèrent sépulture dans la place
publique. Ils lui décernèrent les mêmes honneurs
que s'il eût été fondateur de leur ville, ἀρχηγέτην
(7, 3, 12).

C'est cette circonstance que M. Boichot représente.
Dans le lointain nous voyons le Sicyonien Euphron
porté sur un brancard hors de la citadelle où il a
été assassiné. L'un des meurtriers, entouré de sa-
tellites et de témoins, paraît devant les juges, plaide
sa cause, est absous. La scène se passe dans la citadelle.
Cependant le dessinateur, ne s'asservissant pas à
l'unité de lieu, place le sénat hors de la citadelle
Ce dessin est un de ceux que n'ont pas fait graver
les coassossiés à l'impression de mes œuvres.

xi°. *Estampe* (liv. 7, 5, 20, p. 704). *Boucliers
béotiens représentant la massue (ῥόπαλα) des Arca-*

diens. dessinés par M. Eugène David. Voyez la dissertation sur sur ces boucliers. (Texte, p. 8₂5.)

xii°. *Estampe* (liv. 7 , 5 , 29, p. 704). *Mort d'Épaminondas à la bataille de Mantinée.* « L'attaque d'Épaminondas eut tout le succès qu'il s'était promis. Vainqueur sur le point qu'il avait attaqué, il y avait enfoncé la ligne ennemie, quand il fut frappé d'un coup mortel. Sa victoire devint alors inutile ; son armée ne put en profiter. Ses hoplites voyant fuir la phalange ennemie, immobiles sur le champ de bataille, ne portaient aucun coup ; et lorsque la cavalerie ennemie fuyait, ses cavaliers ne poursuivaient pas, ne frappaient ni cavaliers ni hoplites; mais ils passaient en vaincus à travers les fuyards ennemis. » Voilà le morceau où M. Boichot a pris son sujet. Justin, liv. vi, ch. 7, ainsi que Xénophon, a peint la stupeur et l'immobilité des deux partis ; tous deux se crurent victorieux. Ainsi la victoire d'Épaminondas n'eut point pour sa patrie d'heureux résultats. Aussi Xénophon nomme-t-il le vainqueur de Mantinée, tandis qu'il ne prononce pas le nom d'Épaminondas, vainqueur à Leuctres. C'est que la fierté lacédémonienne avait été bien plus humiliée à Leuctres. (*Voy.* ci-dessus, p. 23, viii°. *Estampe.*) (Texte, p. 829, 83o.)

S'il était permis de comparer les petites choses aux grandes, nous dirions : Thèbes illustrée par Épaminondas, et redevenant après lui ce qu'elle était auparavant, rappelle, dans des proportions toutefois différentes, la France agrandie par Charlemagne et s'affaiblissant après sa mort.

TOME VI,

Contenant, 1º. les Dits et Faits mémorables de Socrate
2°. l'Économique; 3°. l'Apologie de Socrate; 4°. le Traité
de la chasse; 5·. diverses Lettres et l'Abrégé chronologique,
par Leunclave, pour l'histoire de Xénophon et de sa vie.

1ʳᵉ. *Estampe*, au frontispice. *Portrait de Socrate.*

2ᵉ. *Estampe*, pag. 428. *Un jeune Grec donnant
à sa jeune épouse des leçons d'ordre et d'économie.*

3ᵉ. *Estampe*, pag. 528. *Maison grecque.*

4ᵉ. *Estampe*, pag. 638. *Apologie de Socrate.*

TABLEAUX

CHRONOLOGIQUES.

41ᵉ. SIÈCLE.

<table>
<tr><td></td><td>Années
av. J.-C.</td></tr>
</table>

Première époque, Adam ou la création.
Première année du monde. Année avant J.-C. | 4004

La première époque, dit Bossuet, présente
un grand spectacle : Dieu qui crée le ciel et
la terre par sa parole, et qui fait l'homme à
son image. C'est par où commence Moïse, le
plus ancien des historiens, le plus sublime
des philosophes, le plus sage des législateurs.

Il pose ce fondement tant de son histoire
que de sa doctrine et de ses lois. Après, il
nous fait voir tous les hommes renfermés
en un seul homme, et sa femme même tirée
de lui; la concorde des mariages et la société
du genre humain établie sur ce fondement;
la perfection et la puissance de l'homme tant
qu'il porte l'image de Dieu en son entier;
son empire sur les animaux, son innocence
tout ensemble et sa félicité dans le paradis,
dont la mémoire s'est conservée dans l'âge

BIBLIOTHÈQUE ROYALE

Années av. J.-C.

d'or des poëtes; le précepte divin donné à | 4oo4
nos premiers parens; la malice de l'esprit
tentateur, et son apparition sous la forme du
serpent; la chute d'Adam et Ève, funeste à
toute leur postérité. Le premier homme puni
dans tous ses enfans, et le genre humain
maudit de Dieu; la première promesse de la
rédemption, et la victoire future des hommes
sur le démon qui les a perdus.

4o᷎. SIÈCLE.

La terre commence à se remplir, et les | 4ooo
crimes s'augmentent. Caïn, le premier enfant d'Adam et Ève, fait voir au monde naissant la première action tragique : Caïn tue
son frère.

Les fils d'Adam distingués en postérité de
Caïn et de Seth.

3i᷎. SIÈCLE.

La postérité de Séth fidèle à Dieu; le pieux
Hénoch miraculeusement tiré du monde qui
n'était pas digne de le posséder, et transporté
au ciel. . . . . | 3oi7

	Années av. J.-C

28ᵉ. SIÈCLE.

Fondation de la ville de Tyr, selon les Tyriens. (H., 2 , 44. Voyez et la note de M. Larcher, et la *Géographie des Anciens*, par M. Gosselin, t. 3, p. 106.). . . . . . | 2760

24ᵉ. SIÈCLE.

Noé ou le déluge, appelé par Bossuet, le deuxième âge du monde. . . . . | 2348

(2348 , date adoptée par le grand Bossuet et suivie par MM. Mentelle et Letr. ; mais MM. Larcher et autres donnent l'année 2328.)

23ᵉ. SIÈCLE.

Construction de la tour de Babel. . . . | 2247

Près du déluge se rangent le décroissement de la vie humaine , le changement dans le vivre, et une nouvelle nourriture substituée aux fruits de la terre. Quelques préceptes donnés à Noé de vive voix seulement; la confusion des langues arrivée à la tour de Babel, premier monument de l'orgueil et de

la faiblesse des hommes, le partage des trois | 2247
enfans de Noé et la première distribution des
terres.

La famille de Noé se composait en hommes
de Sem, Cham et Japhet. Les descendans de
Sem s'établirent, selon Moïse, aux environs
du Tigre et de l'Euphrate; ceux de Cham se
placèrent plus à l'ouest, près la Méditerranée,
dans l'Arabie et dans l'Égypte; enfin les descendans de Japhet, appelés *Javaniens*, et
Gomérites, peuplèrent l'Asie mineure, et
passèrent en Europe. La mémoire de Sem a
toujours duré dans le peuple hébreu qui en
est sorti.

Nemrod construisit Babylone; et Assyr,
Ninive; mais Moïse n'assigne aucune date
aux règnes de ces chefs d'anciennes peuplades. C'est dans le vingt-deuxième siècle
qu'apparaissent les premiers empires.

Commencement présumé de la première
dynastie des empereurs chinois. . . . . | 2207

22ᶜ. SIÈCLE.

Commencement du royaume de Sicyone,
lequel fut entièrement conquis par Agamem-
non, 1283 ans avant J.-C. . . . . . . | 2164

	Années av. J.-C.
C'est là l'époque des premières colonies orientales en Grèce.	2164

Quelques auteurs, disent MM. Mentelle et Letr., placent aussi dans ce siècle *Fohi*, regardé comme le premier souverain de la Chine; mais d'autres, ajoutent ces savans, lui refusent cette haute antiquité.

Commencement de l'histoire d'Égypte. Selon Hérodote (2, 4 et 99), le premier roi d'Égypte se nommait Menès, le même, selon Moïse, que Mesraïm fils de Cham. . . . 2126

(Incessamment paraîtront nos recherches sur l'Égypte d'Hérodote. Elles offriront divers monumens égyptiens rapprochés des textes grecs des auteurs grecs qui en font mention.)

Commencemens de l'empire d'Assyrie, selon Ctésias. (Diod. 2, 21.). 2107

Ces commencemens sont très-obscurs ; aussi M. Larcher en donne t-il, comme on va le voir, des époques différentes. L'opinion générale est que Bélus, père de Ninus (Hérodote, 1, 7), avait été l'un des premiers rois, et qu'il eut pour successeur Ninus, son fils. (Voy. *infr.*, 21ᵉ. siècle).

Années
av. J.-C.

21ᵉ. SIÈCLE.

L'empire d'Assyrie commence, selon Diodore (2 , 28), en 2057
Voy. ann. 1916.

20ᵉ. SIÈCLE.

Naissance d'Abraham, en Chaldée, appelée, par le grand Bossuet, le troisième âge du monde : époque où Dieu, dit Bossuet, voulant empêcher les progrès de la corruption, commença à se séparer un peuple élu. Abraham fut choisi pour être la tige et le père de tous les croyans. Dieu lui ordonna de se rendre à Haram en Mésopotamie. . . 1996

Inachus fondateur d'un pays nommé postérieurement l'Argolide. Inachus qui donna son nom au fleuve Inachus, lequel passe à Argos, eut de Mélia, fille de l'Océan, Phoronée et Ægialée. Ce dernier étant mort sans enfans, tout le pays prit de lui le nom d'Ægialée. Les rois de sa famille s'appelèrent Inachides. (Voy. *infr.* 1572.). . . 1986

Phoronée, fils d'Inachus et second roi du

	Années av. J.-C.
pays postérieurement appelé l'Argolide, naquit l'année.	1970

(Voy. sur Phoronée, Bibl. d'Apol., 2, 1.)

| Phoronée règne 5o ans. Eusèbe lui donne 6o ans de règne. . . . . | 1926 |

~ Ce prince réunit dans une seule ville les peuples épars dans l'Argolide, et lui donne le nom de cité Phoronique. *Scholiast.*

| *Euripid. ad Orest. vers.* 1,247. . . . . | 1924 |

Fondation de la ville de Phèges en Arcadie par Phégée, fils d'Inachus. *Idem, ibid.* Étienne de Byzance nomme cette ville Phégia : elle fut depuis appelée Psophis. Elle portait le nom d'Erymanthus avant qu'elle fût

| connue sous celui de Phégia. *Pausan.* 8, 24. | 1922 |

Sémiramis. Cette princesse, d'abord femme d'un des capitaines de Ninus, avait suivi son époux dans la Bactriane. Après la mort de son époux tué au siége de Bactres, Ninus l'épousa. Hérodote (1, 184 *sq.*) et Diodore (2, 9 *sq.*), lui attribuent des entreprises et embellissemens qui ont fait de Babylone une cité merveilleuse : tels le magnifique *Hiéron* (enceinte sacrée, avec ou sans temple) de Bélus, sur un des côtés de l'Euphrate ; et sur l'autre des jardins suspendus, des digues qui retinrent l'Euphrate dans son lit. . . . . 1916.

Ninias succéda à Sémiramis sa mère. Mais son histoire (Ment. p. 23.), et celle de ses successeurs, jusqu'à la première destruction de l'empire d'Assyrie, n'est pas assez connue pour qu'on s'y arrête dans un ouvrage élémentaire.

Naissance de Déjanire, fille de Lycaon. *Dionys. Halic. Antiq. Rom.* 1, 11. 1912

Naissance de Mycénéüs, fils de Sparton. *Scoliast. Euripid. ad Orestem, vers.* 1,247. 1910

Pélasgus, fils de Niobé, fait la conquête du pays appelé depuis Arcadie. 1904

19ᵉ. SIÈCLE.

Apis, fils de Phoronée, est le troisième roi du pays qui ne s'appelait pas encore l'Argolide. 1896

Tremblement de terre qui sépare l'Ossa de l'Olympe. Les eaux qui couvraient la Thessalie s'écoulent dans la mer. La Thessalie devient habitable. (Voyez la chronol. de M. Larch.). 1885

Mycénéüs, fils de Sparton, fonde la ville de Mycènes. *Scoliast. Euripid. ad Orest. vers.* 1,247. 1884

	Années av. J.-C.

Pélasgus , roi du pays nommé depuis Arcadie, passe en Thessalie : Lycaon , son fils, quoique à peine âgé de 12 ans, règne en sa place. . . . . | 1883

Institution des Pélories, ou Saturnales , chez les Pélasges-Thessaliens. (Voy. l'Essai de Chronologie de L., pag. 517.). . . . | 1882

Sacrifice d'Isaac , fils d'Abraham. Dieu satisfait de la soumission d'Abraham, arrête son bras levé pour frapper Isaac.

A cette époque, disent MM. Mentelle et Letr. s'introduisit en Égypte le culte d'Apis, symbole d'Osiris le plus grand des dieux égyptiens. . . . . | 1871

18⁰. SIÈCLE.

Ogygès, sous qui arriva l'inondation qui désola l'Attique, règne dans l'Attique et en Béotie, 1020 ans avant l'olympiade de Corœbus. (*Eusebii Præparat. Evangile. l.* 10, pag. 489.) Voy. *infr.* 1759. . . . . . | 1790

Phénomène singulier arrivé dans la couleur, la grosseur, et le cours de la planète de Vénus, sous le règne d'Ogygès, selon les mathématiciens Adraste de Cyzique, et Dion de Néapolis (Naples), au rapport de Varron.

	Années av. J.-C.

Div. Augustin. de Civitate Dei, *lib.* 21, *cap.* 7. 1767

Déluge d'Ogygès. On appelle ainsi une inondation arrivée dans l'Attique, la trente-septième année du règne d'Ogygès, roi, selon quelques-uns, de l'Attique et de la Béotie (*Eusebii chron.*). Du temps de Sylla, on célébrait encore à Athènes une fête qui rappelait la mémoire de cet événement. . 1759

Enlèvement d'Io par des Phéniciens. (H. 1, 1.). 1745

Xanthus, fils de Phorbas, passe de la Lycie dans l'île de Lesbos, alors déserte, avec des Pélasges sur lesquels il régnait. (*Diodor.* 5, 81.) Ce récit ne paraît pas vraisemblable. (Voyez Larcher, Essai de Chronologie, chap. 8, 5, pag. 240.) 1734

Sidon, fondée vers l'an. 1730

Tyr, appelée par Isaïe, fille de Sidon, c'est-à-dire colonie de Sidon, et fondée à une époque incertaine.

	Années av. J.-C

17e. SIÈCLE.

Naissance de Moïse. (Voy. *infr.* 1491.) . | 1611

16e. SIÈCLE.

Actæus règne dans l'Attique. Son règne est de 24 ans. (Paus. 1, 11.). . . . . . | 1594

Agénor, fils de Neptune, arrive en Phénicie, règne en ce pays, et fonde, avec des Sidoniens, la ville de Tyr. . . . . . . | 1590

Naissance de Cadmus, fils d'Agénor, roi de Tyr. . . . . | 1580

Naissance de Deucalion, fils de Prométhée, vers l'an. . . . . | 1573

Actæus, roi de l'Attique, marie sa fille unique à Cécrops. . . . .

Environ trois siècles après Inachus (Voy. an. 1986), Danaüs aborda avec une nouvelle colonie égyptienne encore dans l'Argolide. . . . . | 1572

(En 1572, selon M. Larcher; en 1586, selon Barthel. (Anach., t. 1, p. 3), en 1570, suivant M. Gosselin (Trad. de Strabon, t. 3, p. 97, n°. 1).

Pline le naturaliste (liv. 7.), qui vivait

à une époque où il consultait des ouvrages
maintenant perdus, rapporte que Dânaüs fut
le premier qui vint d'Égypte en Grèce, sur
un navire à 5o rames. Un navire à 5o rames
et la traversée d'une mer de plus de 100
lieues de largeur, ou une navigation de
75o lieues de côtes, prouvent que les Égyptiens à cette époque avaient déjà fait de grands
progrès dans cet art. Plusieurs auteurs leur
attribuent l'invention des rames, des voiles
et du gouvernail. (Voy. Hérodote, 1, 163,
Thuc., 1, 13 et les notes de Duker, Ducas et
Rondelet, marine des anciens, p. 4.).

Mort d'Actæus : Cécrops Iᵉʳ., son gendre,
chef d'une nouvelle colonie égyptienne,
regardé comme le premier roi de l'Attique,
fonde Athènes. La petite ville qu'il fonda sur
une éminence de l'Attique, à une lieue et
demie du golfe Saronique, s'appela d'abord
d'après lui, *Cécropia*, ensuite *ville haute* ou
acropole, mot vulgairement mal rendu par
citadelle. 157o

Enlèvement d'Europe. 1552

Arrivée de Cadmus en Béotie. Fondation
de la Cadméïde, appelée depuis vulgairement la citadelle de Thèbes. 1549

Agraule, fille de Cécrops Iᵉʳ., roi d'Athènes,

	Années av. J.-C.
se dévoue à la mort pour le salut de sa patrie.	
Dardanus, roi de la Phrygie, appelée Dardanie, règne 48 ans.	1547
Naissance d'Amphictyon, fils de Deucalion, vers l'an.	1546
Naissance de Bacchus, fils de Sémélé.	1544
Deucalion, fils de Prométhée, passe en Thessalie avec des Curètes et des Lélèges, nommés depuis Ætoliens et Locriens, auxquels se joignirent un grand nombre d'habitans du Parnasse, en chasse les Pélasges et s'y établit en leur place. *Dionys. Halic. Antiq. Rom. lib.* 1, 17.	1541
La plus grande partie des Pélasges chassés de Thessalie se retirent à Dodone, auprès des Pélasges qui en avaient été chassés précédemment. *Idem, ibid.* 18. Quelques-uns des Pélasges se rendent dans l'île de Crète, quelques autres dans celle de Lesbos.	1540
Les Pélasges, réfugiés à Dodone, s'apercevant qu'ils étaient à charge aux habitans, se retirent dans le pays, appelé depuis Tyrrhénie, et font un traité avec les Aborigènes. *Idem, ibid.* 19 *et seq.*	1539
Découverte du fer. *Clement. Alexandr. Stromat. lib.* 1, p. 401.	1537

<table>
<tr><td></td><td>Années
av. J.-C.</td></tr>
</table>

Des Pélasges, chassés de Thessalie par Deucalion, se joignent à des Thraces et font une incursion en Béotie, où ils s'établissent. *Strab.* 9, p. 616. . . . . | 1536

Les Béotiens, chassés de leur pays, s'établissent en Thessalie, près d'Arné et d'Iolcos. *Strab. ibid.*, *et Thuc.*, 1, 12. . . . . | 1535

Déluge de Deucalion, roi de la Thessalie. Ce pays, entouré de montagnes, éprouva une grande inondation. Tout le monde connaît la fable de Deucalion et de Pyrrha. (*Marmora Ox. Epoch.* 4.). . . . . . . | 1529

Naissance d'Hellen, fils de Deucalion. . | 1523

Conseil des Amphictyons. Ce conseil, formé de la réunion des députés de douze peuples qui délibéraient principalement sur les affaires de religion, devait son origine selon quelques-uns à Amphictyon, l'un des rois d'Athènes; selon d'autres, à Amphictyon, fils de Deucalion, qui rassembla les peuples voisins des Thermopyles, les appela Amphictyons et régna sur eux (*Paus.* 10, 8). Le conseil s'assembla aux Thermopyles (et non auprès des Thermopyles), ensuite dans l'Hiéron de Delphes.

La chronique de Paros place l'institution des assemblées amphictyoniques quelques

années avant la colonie de Cadmus. Ce fut
alors, dit cette chronique, qu'on appela
Hellènes, les peuples nommés Grecs, Γραικοί.
(Voy. Sainte-Croix, Gouv. fédér. p. 311; et
Barthel., Anach., in-8°., t. 1, p. 3.). . . 1522

 Eurotas, troisième roi de Lacédémone, de
la dynastie qui régna avant la conquête des
Héraclides. 1522

Lelex fonde Sparte. C'est vers la même
époque que M. Mentelle place la fondation
de Gadez (Cadix) en Espagne, due à une
colonie égyptienne. 1519

Origine des Scythes selon les Scythes.
Herodot. 4, 7. 1508

Hyagnis, fils du Silène Marsyas, invente
la flûte, l'an 1202 de l'ère attique (*Marmora
Oxoniensia, Epoch* 10.) 1506

15ᵉ. SIÈCLE.

*Moïse, ou la loi écrite. Quatrième âge du
monde.* (Bossuet.). 1491

Les temps de la loi écrite commencent.
Elle fut donnée à Moïse la même année que
(les Israélites ou) le peuple hébreu, sortit
de l'Égypte. Tout ce temps est appelé le
temps de la loi écrite, pour le distinguer du
temps précédent qu'on appelle le temps de

la loi de nature, où les hommes n'avaient
pour se gouverner que la raison naturelle et
les traditions de leurs ancêtres.

Le peuple nommé d'abord Israélite, puis
Hébreu, dit M. Mentelle, est le même qui,
depuis le retour de sa captivité dans le
royaume de Babylone, a été appelé *Juif*, du
mot *Judæus*, dénomination dérivée de Juda,
nom de la plus considérable de leurs tribus.

Selon Saint-Augustin (*de civitate dei*, liv.
18, c. 11.), ils sortirent d'Égypte vers la
fin du règne de Cécrops Iᵉʳ.

Sésostris, roi d'Égypte, fameux par ses
conquêtes en Asie et en Europe (H. 2, 103),
et par les monumens de ses victoires (*Ib.* 2,
106). 1490

Entrée des Hébreux dans la terre promise.
Josué, dit M. Mentelle, était l'un des chefs
chargés par Moïse de la conduite des Israé-
tites. Ils approchaient du pays de Canaan,
lorsque Moïse mourut. Il fut enterré sous la
montagne Nébo. Quant à Josué, qu'il avait
choisi pour son successeur, il continua l'expédition, conquit le pays, et en mit les
Israélites en possession. Deux tribus et demie
furent placées à l'est du Jourdain : sept et
demie le furent à l'ouest de ce fleuve ; et la

	Années av. J.-C.
tribu de Lévi, consacrée au culte divin, n'eut pas de terres, mais vécut des revenus des onze autres.	1450
Naissance de Pandorus, fils d'Érechthée. *Apollodor. lib.* 3, *cap.* 14, 1 : *vel ex edit. Heynii, cap.* 15, 1.	1443
Naissance de Métion, fils d'Érechthée. *Id.,* *ibid.*	1442
Xuthus, fils d'Hellen, ayant été chassé de la Thessalie, se réfugie à Athènes. *Pausan.* 7, 1, p. 521.	1430
Xuthus épouse Créüsa, fille d'Érechthée. *Pausan. ibid. — Apollod.* (*l. l.*) — *Strab.* 8, *pag.* 588.	1429
Naissance d'Achæus, fils de Xuthus. . .	
Naissance de Minos II, fils de Lycastus, roi de Crète. *Diodor.* 4, 60.	1428
Mœris, le dernier des 330 rois d'Égypte, depuis et compris Menès jusqu'à Sésostris, règne 68 ans, selon Vecchieti. *Herodot.* 2, 101. .	
Ilus succède à Tros : il règne 44 ans. . .	1424
Fondation de la ville de Troie. *Clement. Alexandr. Stromat. lib.* 1, *pag.* 401. . .	1423
Découverte de l'art de travailler le fer. (Sainte-Croix, *Myst. du Pagan.* p. 44.). .	1422
Naissance d'Eupalamus, père de Dædale et fils de Métion. *Apollodor.* 3, 14, 8. . .	1421

	Années av. J.-C.

Lycus, fils de Chthonius, chasse Laïus,
fils de Labdacus, qui n'avait encore qu'un
an, et règne à Thèbes. *Id. lib.* 3, *cap.* 5.
Voy. *infr.* an. 1390. . . . . | 1416

Cérès arrive dans l'Attique et fait connaître
le blé à Triptolème, ainsi que la manière
de le cultiver. *Marmora Oxoniens. Epoch.*
12. . . . . | 1409

Achæus, fils de Xuthus, ayant commis un
meurtre involontaire, se retire dans le pays
appelé depuis Achaïe (et non Laconie,
comme le dit M. Larcher). (Voy. Strabon,
trad. fr., t. 3, p. 266.). . . . . . . | 1407

Minos donne des lois à la Crète. A la même
époque les Hébreux forment un gouverne-
ment dont le chef s'appelle juge. (Ment.). . | 1406

Institution des mystères d'Éleusis. *Marmo.
Oxon. Epoch.* 15. . . . . | 1404

Eumolpe, Thrace de naissance, arrive à
Éleusis avec des troupes de son pays, et s'en
empare. *Paus.* 1, 38, *p.* 92. . . . . . | 1403

Les Athéniens rappellent Ion du Péloponnèse, et lui donnent le commandement de
l'armée qu'ils destinent à marcher contre les
Thraces. *Id.* 7, 1, *p.* 522. . . . . . | 1402

Naissance d'Archandre, fils d'Achæus. *Id.
ibid.* (Voy. l'Hérodote de Larcher.). . . | 1401

	Années av. J.-C.

Amphion, fils de Jupiter et d'Antiope, tue
Lycus et s'empare de la couronne de Thèbes.
Apollodor lib. 3, *cap.* 5, 5. . . . . . | 1401

14ᵉ. SIÈCLE.

La population de l'Attique devient si considérable, qu'on envoie une colonie dans
la partie du Péloponnèse qui, auparavant
appelée *Égialée*, s'appela ensuite *Ionie*,
nom que portait l'Attique et qu'elle dut à Ion,
fils de Xuthus.

Au reste le nom *Ionie* ne fut qu'un nouveau nom ajouté à l'ancien : car on les appela *Égialéens - Ioniens* (Pausan. 7, 22.),
puis *Achéens.* (Strab. VIII, p. 588.). . . | 1400

L'irruption des Achéens, dans l'Égialée,
me semblerait dater non d'Achæus, fils
d'Hellène, mais d'un Achæus plus ancien,
peut-être d'Achæus, frère de Pélasgus. (1727
ans av. J.-C.)

Ion passe en Asie et y forme quelques
établissemens. (Voy. Hérodote de Larch. t. 1,
p. 184; Levesq. études de l'hist. gr. t. 2,
pag. 252.). . . . . | 1391

	Années av. J.-C.
Amphion, roi de Thèbes, meurt. Laïus remonte sur le trône. *Apollod. bibl.* 3, 5. (Voy. *supr.*, an 1416.).	1390
Polybe, petit-fils de Sicyon, roi de Corinthe. *Pausan. lib.* 2, *cap.* 6, *pag.* 125. *Soph. Œdip. Tyr.* 774.	1386
Naissance de Sisyphe, qui fut depuis roi de Corinthe. (Voy. l'année *infr.* 1360.) Ce prince, dont on ignore l'origine, ne peut être le même que celui qui était fils d'Æole ; la plupart des écrivains les confondent. . Naissance de Pélops.	1385
Naissance d'Hercule, fils d'Amphitryon. .	1384
Naissance d'Orphée.	1382
Naissance de Córonus, fils de Cænée et l'un des ancêtres de Cypsélus, tyran de Corinthe. . . . . Laomédon, fils d'Ilus, règne à Troie 50 ans.	1380
Archandre et Architélès, fils d'Achæus, quittent la Phtiotide et se rendent à Argos, où ils épousent chacun une fille de Danaüs, prince de la maison royale d'Argos. *H.* 2, 97. *Paus.* 7, 1, p. 522.	1374
Cænée, roi des Lapithes et l'un des ancêtres de Cypsélus, tyran de Corinthe, périt dans un combat contre les Centaures. *Apol. Rhod. lib.* 1, *vers* 59 *et seq.* (Voyez chez L.)	1373

	Années av. J.-C.

Les Pélasges, joints aux Aborigènes, chassent les Sicules : ceux-ci passent en Sicile, en chassent les Sicaniens et donnent leur nom au pays. Voyez *Thuc.* 6, 2. *Dionys. Halic. Antiq. Romanar. lib.* 1, 22.

Corinthe fondée par Sisyphe. La ville de Corinthe existait avant ce prince, mais il mérita d'en être appelé le fondateur. Il fut le premier d'une dynastie appelée les *Sisyphides*, et son pays s'appela *la côte Sisyphide.* (Théocrite, idylle 22, 158.) Ce passage sera discuté dans ma Géogr. de Théocrite. — **1370**

Fondation de Zancle par les Sicules. (*Voy.* Larch., Essai sur la Chronologie, chap. 15, sect. 3, 4, n°. 19.).

Ion retourne à Athènes vers l'an. — **1369**

Naissance de Mélampus, fils d'Amythaon. *Apollodor. lib.* 1, *cap.* 9, 21. — **1367**

Naissance de Bias, fils d'Amythaon et frère de Mélampus. *Id. ibid.* et *Theocr. Id.* 3, 45. — **1366**

Les Métionides, ou descendans de Métion, (an. 1442.) chassent Pandion, roi d'Athènes : il se retire à Mégare. *Pausan. lib.* 1, *cap.* 5, *pag.* 13. — **1363**

Le Lydien Pélops, fils de Tantale, arrive de Lydie à Pise, en Élide, tue OEnomaüs, s'empare de l'Élide, y joint l'Olympie, et

	Années av. J.-C.

fonde, dans ce qui fut appelé depuis le Péloponnèse, un temple en l'honneur de Mercure. *Paus.* 5, 1, *p.* 376. . . . . . . } 1362

Ce fut lui qui fonda les jeux Olymp. (Voy. ann. 884.)

Grande famine en Lydie. . . . . .

Commencement des exploits d'Hercule. .

Pandion II meurt de maladie à Mégare : ses enfans retournent dans l'Attique et chassent les Métionides : Égée, son fils aîné, neuvième roi d'Athènes, règne 39 ans. *Paus.* 1, 5. . . . . } 1361

Ion meurt à Athènes, âgé de 67 ans, et est inhumé à Potamos, bourgade de l'Attique près de la mer, environ à deux lieues de Panormos. *Pausan.* 7, 1, *pag.* 522. . . | 1360

Laïus est tué par son fils OEdipe. *Sophocl. OEd. T.* 820 *sq.* . . . .

Créon, fils de Ménécée et frère de Jocaste, veuve de Laïus, prend les rênes du gouvernement. *Apollodor.* 3, 5, 8. . . . . . } 1358

Sésostris, roi d'Égypte, succède à Mœris, et règne 44 ans. . . . . | 1356

Naissance de Péro, fille de Nélée et de Chloris. *Id., ibid.* 9. (Voy. *infr.* an. 1334.). | 1354

OEdipe, fils de Laïus, épouse Jocaste sa

	Années av. J.-C.

mère, sans la connaître, et monte sur le
trône. *Idem*, 3 , 5, 8. . . . . |

Origine des Scythes, selon les Grecs du
Pont. *Herodot.* 4, 8. . . . . | 1354

Lycus, fils de Pandion II, ayant été
chassé d'Athènes pas son frère Égée, se réfugie chez les Termiles auprès de Sarpédon,
frère de Minos II, roi de Crète. *Apollodor.*
3, 14, 6; *vel ex edit. Heynii*, 15 , 6. . . |

Les Crétois, qui avaient accompagné Minos en Sicile, font le siége de Camicos.
Herodot. 7, 170. . . . . | 1351

Expédition des Argonautes (c'est-à-dire,
des navigateurs dans le vaisseau Argo) *et
enlèvement de Médée.* La fable a beaucoup
défiguré la première expédition maritime
tentée par les Grecs. On l'admirera autant
que nos expéditions autour du monde , si
l'on considère l'imperfection de la science
nautique à cette époque. Théocrite, dans un
passage trop peu cité (*Id.* 13, 19 *sq.*) nous
donne des détails précieux.

Les Argonautes, dit-il, passent de la riche
Iolcos (*v.* 19.), ville de la Magnésie en Thessalie, traversent les Cyanées (*v.* 22.); puis,
portés par un vent du midi, arrivent en
trois jours dans l'Hellespont (*ib.*), débar-

<table>
<tr><td></td><td>Années
av. J.-C.</td></tr>
<tr><td>quent sur un rivage de la Propontide ; de là, après avoir franchi la bouche du Pont-Euxin, et longé la côte orientale et méridionale de cette mer, arrivent sur les côtes de la Colchide. . . . .
Naissance d'Antigone, fille d'OEdipe. . .</td><td>1350</td></tr>
<tr><td>Des Colchidiens s'établissent dans l'île des Phéaciens, depuis appelée Corcyre. Apollon. Rhod. 4, 1210. . . . .</td><td>1349</td></tr>
<tr><td>Fondation de Mycènes par Persée. Paus. 2, 144. . . . .</td><td>1348</td></tr>
<tr><td>Tout le monde connaît Persée, petit-fils d'Acrisius par Danaé, fille de ce roi.
Des Crétois s'établissent en Italie, sous le nom d'Iapyges-Messapiens. . . . . . .</td><td>1346</td></tr>
<tr><td>Naissance d'Étéocle, fils d'OEdipe et de Jocaste. . . . .</td><td>1345</td></tr>
<tr><td>Naissance de Polynice, fils d'OEdipe et de Jocaste. . . . .
Tyrrhénus, fils d'Atys, roi de Lydie, arrive en Italie avec ceux d'entre les Lydiens qui l'avaient accompagné, et donne au pays le nom de Tyrrhénie. Hérodot. 1, 94.</td><td>1344</td></tr>
<tr><td>Thèbes ravagée par la peste. . . . .</td><td>1343</td></tr>
<tr><td>L'Oracle ordonne de venger la mort de Laïus : OEdipe se crève les yeux : il est renfermé par les ordres de Créon, tuteur des</td><td></td></tr>
</table>

Années
av. J.-C.

jeunes princes (Voyez la tradition de Sophocle, *OEd. C.* et *infr.* an. 1317.). . . .

Mort de Polybe, roi de Corinthe. Créon, différent du précédent, succède à Polybe. *Apollodor.* 3, 5, 7, *pag.* 168; et 1, 9, 28. Musée, disciple d'Orphée. *Pausan.* 10, 7, *pag.* 813. . . . . | 1342

Médée, forcée de quitter Iolcos, se retire à Corinthe avec Jason, où ils vivent tranquillement pendant 10 ans. *Apollodor.* 1, 9, 28, *pag.* 64. (Voyez an 3364.). . . . | 1339

Bias, frère de Mélampus, épouse Péro, fille de Nélée. (Voy. *supr.* 1366, et *Théocr.*, *id.* 3, 45.). . . . . | 1334

Évandre fonde avec des Arcadiens une colonie dans le pays des Aborigènes. *Dionys. Halicarn. Antiq. Rom.* 1, 31. . . . .

Prise de Troie par Hercule avec 720 hommes montés sur six vaisseaux. *Homer. Iliad.* 5, 641. Laomédon est tué : Priam lui succède, il règne 60 ans. . . . . . . | 1330

Naissance d'Hyllus, fils d'Hercule, de qui descendent les rois de Lacédémone. . . | 1327

Thésée tue le Minotaure sur la fin de l'année. *Plutarch. in Theseo*, *pag.* 8. . . | 1325

Égée, croyant son fils mort, se précipite

4

	Années av. J.-C
du haut d'un rocher : Thésée, dixième roi d'Athènes, règne 29 ans. *Plutarch. ibid.* pag. 9.	1322
Les Héraclides, chassés du Péloponnèse par Eurysthée, se mettent sous la protection de Thésée. *Plutarch. ibid.*	1321
Étéocle, fils d'OEdipe, règne à Thèbes : son frère Polynice se retire à Argos. . .	1320
Polynice revient à Thèbes, pour régner à son tour : Étéocle refuse de lui céder la couronne : Polynice retourne à Argos. . . .	1319
Polynice se ligue avec les Argiens contre Étéocle et les Thébains.	1318
OEdipe, chassé de Thèbes, se retire dans l'Attique, où il meurt. *Sophocl. OEdip. Colon.* et *sup.* 1342. . . . . Guerre de Thèbes entre Étéocle et Polynice : ils s'entre-tuent. *Clement. Alexandr. Stromat.* 1, *p.* 401.	1317
Thésée transfère à Athènes les habitans des douze principales villes de l'Attique, et institue les petites Panathénées qui se célébraient tous les ans. Les grandes le furent l'an 4148 de la pér. jul. Voyez cette année. *Marmora Oxoniensia, Epoch.* 21. . . .	1316
Guerre de Thésée contre Créon, tuteur de	

	Années av. J.-C.
Laodamas, fils d'Étéocle. *Pausan.* 1, 39, pag. 94.	1314
Thésée marche contre Eurysthée avec Hyllus, fils d'Hercule : Eurysthée est battu et tué par Hyllus.	1311
Hyllus passe dans le Péloponnèse, et en sort à cause de la contagion.	1310
Guerre des Épigones, ou seconde guerre de Thèbes. *Apollodor.* 3, 7, 2.	1307
Naissance d'Hélène, fille de Tyndare et de Léda.	1306

13ᵉ. SIÈCLE.

Thésée, âgé de 50 ans, enlève, selon Hellanicus, Hélène, qui n'était pas encore nubile. *Plutarch. in Theseo, p.* 14, *E. Herodot.* 9, 72.	1296
Hyllus consulte l'oracle sur son retour dans le Péloponnèse. *Apollodor.* 2, 8, 2. . .	
Mort de Thésée : Ménesthée, fils de Pétée, petit-fils d'Ornée, et arrière petit-fils d'Érechthée, onzième roi d'Athènes, règne 23 ans. *Pausan.* 2, 25, *pag.* 168.	1293
Atrée s'empare de Corinthe.	1292
Hyllus retourne dans le Péloponnèse, sur	

	Années av. J.-C.
la foi d'un oracle équivoque : il est tué dans un combat particulier par Échémus, roi des Tégéates. *Herodot.* 9, 26. *Apollod.* 2, 8, 2. Enlèvement d'Hélène par Alexandre, fils de Priam, vulgairement appelé Pâris.	1290
Préparatifs de guerre des Grecs contre les Troyens.	1289
Agamemnon, fils d'Atrée, succède à son père au royaume de Mycènes.	1285
Les Cimmériens envahissent l'Asie-Mineure. (Voyez Hérodote de Larcher, note 19 du livre Iᵉʳ.).	1284
Agamemnon fait la conquête du royaume de Sicyone.	1283
Tlépolème, fils d'Hercule, ayant tué involontairement Licymnius, son oncle maternel, passe dans l'île de Rhodes avec des forces considérables, y fonde les villes de Linde, d'Ialyssos et de Camiros, et peu après devient roi des Rhodiens. *Apollodor.* 2, 8, 2.	1282
Siége de Troie par les Grecs : leur armée montait à 135,610 hommes. *Homer. cant.* 2, *in Catalogo.* (Voy. *supr.* an. 1289.). . .	1280
L'île de Ténédos ravagée par les Grecs : Achille tue Tennès, fondateur de cette île : les Ténédiens rendent les honneurs divins à	

	Années av. J.-C

Tennès, en mémoire de sa vertu et de ses
bienfaits. *Diodor. Sicul.* 5, 83. . . . . . | 1274

Prise de la ville de Troie, le 27 thargé-
lion finissant (le 23 mai.). . . . . .

Teucer fonde une colonie à Salamine dans
l'île de Cypre. *Velleius Patercul.* 1 , 1 , *sub
initium.* Sa postérité y régnait 896 ans après.

Agamemnon fonde dans l'île de Crète les
villes de Mycènes, de Tégée et de Pergame.
Velleius Patercul. 1, 1 , 2. . . . . . . | 1270

Agamemnon retourne dans ses états : il est
tué par Égisthe et par Clytemnestre. . .

Les Assyriens maîtres de l'Asie supérieure.
Herodot. 1 , 95. . . . . | 1267

Diomède, à son retour de Troie, fonde
les jeux pythiques. *Pausan.* 2, 32, *p.* 186.
(Voyez l'Électre de Sophocle, v. 693, et *ib.*,
le *Scoliaste* grec, et mon *Philologue*, t. 1 ,
p. 261 *sq.*) . . . .

Amphilochus, fils d'Amphiaraüs, fonde la
ville d'Argos-Amphilochium dans le golfe | 1266
d'Ambracie. *Thuc.* 2, 68, note de Gottl.
et de Beck; *Heynius ad Apollod.*, *part.* 2,
p. 654. Ce fut à son retour de Troie que,
mécontent de la constitution de l'Argolide ,
il fonda Argos-Amphilochium. . . . . .

Égisthe et Clytemnestre tués par Oreste :

	Années av. J.-C.

Oreste se retire en Arcadie et y demeure un an. *Eurip. Orest.* 1701. . . . . | 1263

Oreste est absous par l'aréopage du meurtre de sa mère ; action dont aucun aréopage moderne ne donnerait l'absolution, tout en en exécrant les crimes de Clytemnestre. . | 1262

Troisième entreprise des Héraclides sur le Péloponnèse, sous la conduite de Cléodæus, fils d'Hyllus. *Eusebii Præp. Evang. lib.* 5, c. 20, *pag.* 210. . . . . | 1245

Rhampsinite, roi d'Égypte, règne 66 ans. Joseph le nomme Rhamsès. *Manetho apud Joseph. contra Apionem*, 1, 26, *pag.* 460. . | 1244

Fin de la dynastie des *Atyades*, rois de Lydie : le commencement de cette dynastie est incertain. Autre dynastie d'Héraclides, rois de Lydie, dont le premier roi est Agron. Ce fut Lydus, fils d'Atys, qui appela Lydiens tous les peuples de cette contrée, auparavant nommés Mœoniens. Le nom d'*Atyades* dérive évidemment d'Atys. *H.*, 1, 7. . . | 1220

Naissance de Théras, fils d'Autésion et petit-fils de Tisamène, roi de Thèbes : il était le dixième descendant de Cadmus. *H.* 4, 147. . . . . | 1214

Migration æolienne, commence sous la conduite d'Oreste. *Strab.* 13, *p.* 872. . . | 1210

	Années av. J.-C.

Quatrième entreprise des Héraclides sur le Péloponnèse, sous la conduite d'Aristomachus, fils de Cléodæus : il est battu par les Péloponnésiens, et perd la vie dans l'action, laissant trois enfans en bas âge, Aristodémus, Téménus et Cresphonte. *Eusebii Præp. Evang.* 5, 10, *p.* 210 ; *Apollod.* 2, 7, 11. . 1210

Des Béotiens, chassés d'Arné en Thessalie, retournent en Béotie, soixante ans après la prise de Troie. *Thuc.* 1, 12 ; *Strab.* 9, *pag.* 630. . . . .

Ceux des Pélasges qui étaient restés dans la Tyrrhénie en sont chassés par les Tyrrhéniens ; ils passent dans l'Attique. *Herod.* 6, 137 ; *Thuc.* 4, 109. 1209

Ceux des Pélasges qui avaient envahi la Béotie en sont chassés par les Béotiens, lorsqu'ils reviennent dans leur pays. 1208

Ces Pélasges se réfugient dans l'Attique, auprès des Pélasges-Tyrrhéniens. *Strab.* 9, *pag.* 616. B. (Voy. *supr.* ann. 1208, 1209 ; et *infr.* 1192.). 1207

12ᵉ. SIÈCLE.

Les Pélasges-Tyrrhéniens, aidés par les Pélasges sortis de la Béotie, bâtissent aux Athéniens la partie du mur de l'Acropole, appelée le mur Pélasgique. *Herodot.* 6, 137; *Thuc.* 2, 17; *Strab.* 9, *pag.* 616, B.; *Paus.* 1, 28, *p.* 67; *Myrsil. apud Dionys. Halic. Antiq. Rom.* 1, 28. 1192

Conquête du Péloponnèse par Aristodémus, Téménus et Cresphonte, fils d'Aristomachus (cité *supr.*, an. 1210.); cinquième et dernière expédition des Héraclides dans le Péloponnèse. *Apollod.* 2, 8, *sq.* : époque où les Éléens s'emparèrent d'une grande partie de la Pisatide, et prirent possession de l'Olympie et de son *hiéron*. . . . .

Mélanthus, roi de Messénie, chassé par les Héraclides, se réfugie à Athènes. (Voy. ann. 1189.). 1190

Xanthus, roi de Thèbes, fait la guerre aux Athéniens : provoque à un combat particulier Thymœtès leur roi, qui refuse le combat et est chassé. Mélanthus accepte le défi et règne 37 ans en sa place. (Voy. *infr.* an. 1152.)

	Années av. J. C.

Xanthus est tué : Thèbes ne veut plus de rois et se gouverne en république. . . . .

Institution de la fête des Apaturies, à l'occasion de la ruse de Mélanthus, dans son combat contre Xanthus, roi de Thèbes. (*Voy.* *Phil.* tom. 3, pag. 361). . . . . . . } 1190

Continuation de la migration Æolienne par Penthilus, fils d'Oreste. *Strab.* 13, *pag.* 872. (*Voy.* *supr.* an. 1210.). . . . . . .

Les Achéens chassés par les Héraclides, se réfugient dans le pays d'Ægiale, appelé depuis Achaïe, alors possédé par les Ioniens. (*Voy.* *supr.* an. 1400). . . . . } 1189

Les Achéens et les Ioniens, ne pouvant s'accorder, se font la guerre. Tisaménus, fils d'Oreste et chef des Achéens, est tué dans une bataille : les Ioniens n'en sont pas moins chassés par les Achéens : ils retournent à Athènes. 1188

Mort d'Aristodémus, premier roi de Lacédémóne de la maison des Héraclides : il laisse la couronne à ses deux fils, Proclès et Eurysthènes qui ne faisaient que de naître. Théras, leur oncle maternel, est leur tuteur. *H.* 4, 147. (*Voy.* *infr.* an 1153.). . . . . . } 1178

Chéops, roi d'Égypte, règne 50 ans. *H.* 2, 127. . . . .

	Années av. J.-C.

Fondation de la ville d'Halicarnasse. *Tacit. Annal.* 4, 55. . . . . | 1175

Troisième migration Æolienne. *Strab.* 13 pag. 873, A. (*Voy. sup.* 1210, 1189; et *infr.* 1151.) . . . . | 1174

Les Pélasges établis dans la Troade, sont chassés par les Æoliens. . . . . |

Les Pélasges-Tyrrhéniens chassés d'Athènes, font la conquête de l'île de Lemnos *H.* 6, 137. . . . . | 1162

Les Minyens, descendans des argonautes, chassés de Lemnos par les Pélasges-Tyrrhéniens, se réfugient à Lacédémone *H.* 4, 145. . . . . | 1160

Majorité de Proclès et d'Eurysthènes, souches des deux maisons royales de Lacédémone. (*Voy. sup.* 1178.). . . . . . . |

Codrus, fils de Mélanthus, dix-septième et dernier roi d'Athènes, règne 21 ans. *Eusebii Chronicon.*, *libro poster.* pag. 96, 98 et 99. (*Voy. infr.* 1132.). . . . . | 1153

Quatrième et dernière migration Æolienne, sous la conduite de Graïs. *Strab.* 13, *pag.* 873, A; *Paus.* 5, 11, *pag.* 206. (*Voy. ann.* 1174, 1189, 1210.). . . . . | 1151

Colonie, dans l'île Calliste, depuis nommée Théra, par Théras qui emmène avec lui une

	Années av. J.-C.
partie des Minyens qui s'étaient retirés à Lacédémone. *Pausan.* 3, 1, *pag.* 295. .	1150
Fondation de Lépréum, Macistes, Phrixes, Pyrgos, Epium et Nudium dans la Triphylie, par les Minyens. *H.* 4, 148.	1149
Les Pélasges chassés de l'île de Lesbos par les Æoliens. . . . . Fondation de la ville de Lesbos par les Æoliens. (Vie d'Hom. attribuée à Hérod. *sub finem.*).	1140
Les Pélasges-Tyrrhéniens de Lemnos tuent et les enfans qu'ils avaient eus des Athéniennes, et les mères de ces enfans.	1139
Dévouement et mort de Codrus, dernier roi d'Athènes : Médon, fils aîné de Codrus, premier archonte perpétuel, gouverne 27 ans.	1132
Migration Ionienne, selon Apollodore et Eratosthènes. *Clement. Alex. Stromat.* 1, *pag.* 388 et 402. (Voy. *sup.* 1151.). . .	1130
Chéphren, roi d'Égypte, règne 56 ans. *H.*, 2, 127.	1128
Fondation de la ville de Cyme en Æolie. (H. vie d'Hom. c. 1. Voyez mon atlas, carte, environs de Cyme.).	1120
Fondation de Milet, de Colophon, la	

	Années av J.-C.
treizième année de l'archontat de Médon. *Marm. Oxon. Epoch.* 28.	1119
Colonie envoyée dans l'île de Mélos par les Lacédémoniens qui en avaient exterminé les Méliens. Thuc. (5 , 84 et 112), dans sa conférence dramatique entre les Athéniens et les Méliens, dans un texte dont le vrai sens, qu'on me pardonne ce mot, me semble n'avoir pas été compris par Denys d'Halicarnasse, prête aux Méliens un caractère, une attitude et un langage sublimes. (Voyez 1°. la traduction, liv. 5, chap. 90; 2°. les notes de mon premier supplément sur Thucydide.).	1116
Agis, fils d'Eurysthènes, roi de Lacédémone, de la première maison , règne 40 ans.	1114
Fondation de Neon-Tichos par les habitans de Cyme. (Voyez notre édition d'Hérodote : *Vita Homeri*, 9.).	1112
. Fondation de la ville de Smyrne. (H., vie d'Homère , chap. 2, tom. 2, pag. 386 de notre édition.).	1102
Naissance d'Homère. (H. vie d'Homère, c. 3. Voy. *supr.* an. 907 et 947.). . . .	1102

	Années av. J.-C.

11e. SIÈCLE.

Agis subjugue les Hilotes. (*Voy*. an. 799.). | 1091

Agis envoie une colonie en Achaïe, sous la conduite de Patréus qui fonda la ville de Patres. *Paus.* 3, 2, *pag:* 206. . . . . . } 1082

Naissance du premier ancêtre connu de l'historien Hécatée de Milet. *H.* 2, 143. . . |

Saül, premier roi d'Israël. *Reg.* 1, 9. Les Israélites mécontens du gouvernement des juges, demandent un roi. Samuël, juge irréprochable, consacre Saül. (*Voy*. an. 1055,). | 1068

Des Sicules [Σικελοί], d'abord habitans de l'Italie et chassés par les Opiques, viennent dans la Sicanie, d'où, à leur tour, il chassent les Sicaniens et donnent leur nom à la Sicile, qui dès lors perdit celui de Sicanie. Leur immigration eut lieu (Thuc. 6, 2, 5.) 300 ans avant l'arivée des colonies grecques en Sicile. . . . . | 1059

Notez ces mots, *des Sicules*. Les Sicules ne passèrent donc pas tous de l'Italie dans l'île de Sicile (Thuc. 6, 2, 5.). Il y eut donc long-temps deux Siciles ; l'une en Italie, l'autre dans l'île de Sicile ; ce qui, dans ma

<table>
<tr><td></td><td>Années
av J.-C.</td></tr>
</table>

géographie de Théocrite, me fournira un moyen de concilier entre eux les scholiastes de Théocrite, Idylle 4, 27, et 6, 126. . .

La première des colonies grecques en Sicile, est celle qui, 758 ans avant J.-C., fonda Naxos en Sicile, sous la conduite de Theuclès, Chalcidien de l'Eubée. . . . . | 1059

Zanclé, connue depuis sous le nom de Messène, fondée par les Sicules. *Thuc.* 6,4. . | 1058

David. Après Saül, paraît un David, cet admirable berger, vainqueur du fier Goliath, grand roi, grand conquérant, grand prophète, digne de chanter les merveilles de la toute-puissance divine, et qui par son repentir fit même tourner son crime à la gloire de son créateur. (Voy. an. 1016.). . . . . | 1055

Asychis, roi d'Égypte (H. 2, 136.), règne 40 ans. (Voy. an. 1011.). . . . | 1052

David reconnu roi par la tribu de Juda, 1055 ans av. J.-C., est reconnu roi d'Israël par toutes les tribus. (Voy. an. 1016.). . . | 1047

Echestratus, roi de Lacédémone de la première maison, chasse les Cynuriens de la Cynurie. . . . . | 1036

Guerre des Lacédémoniens avec les Argiens, au sujet de la Cynurie. . . . . | 1032

David meurt : à ce pieux guerrier succéda

	Années av. J.-C.
Salomon, sage, juste, pacifique, dont les mains pures de sang furent jugées dignes de bâtir le temple de Dieu.	1016
La dédicace du temple de Jérusalem est faite la douzième année du règne de Salomon. *Regum.* 3, 8.	1004
Anysis, roi d'Égypte, règne 58 ans. Anysis aveugle, chassé de ses états par Sabacos, roi d'Éthiopie, se réfugie dans l'île d'Elbo. (Hérodote, 2, 37.) Voy. an. 763. . . .	1011

10ᵉ. SIÈCLE.

Roboam et *Jéroboam.* L'orgueil brutal de Roboam lui fit perdre dix tribus que Jéroboam, l'un de ses généraux, sépara de leur Dieu et de leur roi. De peur qu'ils ne retournassent au roi de Juda, il défendit d'aller sacrifier au temple de Jérusalem, et il érigea ses veaux d'or, auxquels il donna le nom du dieu d'Israël, afin que le changement parût moins étrange. La même raison lui fit retenir la loi de Moïse : il interprétait cette loi à sa mode, mais il en faisait observer presque toute la police tant civile que religieuse : de sorte que le Pentateuque demeura toujours en vénération dans les tribus séparées. . .   975

Années av. J.-C.

Ainsi les deux tribus de Benjamin et de Juda restèrent seules fidèles à leur roi.

Ainsi fut élevé le royaume d'Israël contre le royaume de Juda : ainsi naquit un schisme politique qui amena le schisme religieux; Jérusalem, capitale, fut le lieu seul où Dieu voulut être adoré. Samarie devint la capitale du nouveau royaume. 975

Naissance d'Homère. *Vell. Paterc.* 1, 1. . . 968

Nadab, fils de Jéroboam, second roi d'Israël, règne un an, ...

Anysis, roi d'Égypte, après la retraite libre de Sabacos (H. 2, 139), sort de l'île d'Elbo après 50 ans, et se maintient sur le trône jusqu'à sa mort (H. 2, 53.). Ici M. Larcher (H. 2, 141) voit, dans l'histoire d'Égypte, une lacune de 241 ans. 954

Naissance d'Homère : voilà, aux yeux de M. Larcher (H. 2, 53.), l'époque la plus probable. (*Voy. supr.* 1102.). 947

Hésiode fleurit l'an. 944

Homère fleurit, selon les marbres de Paros, Époch. 30, c'est l'année de sa naissance, suivant Porphyre. *Suid. voc.* Ὅμηρος. . . . .

Empire d'Assyrie. Révolte de Bélésis et Arbaces. Sardanapale détrôné. (En 916, selon MM. Mentelle et Letr. Voy. ann. 747.). 907

9ᵉ. SIÈCLE.

	Années av. J.-C.
Phidon, roi d'Argos, invente les poids, les mesures et les monnaies d'argent. *H.* 6, 127. *Strab.* 8, *p.* 549. *Paus.* 6, 22. (Voy. ann. 854 et 856.).	895

Olympiades d'Iphitus.

Années avant J.-C. 884.

	Années av. J.-C	Olympiade d'Iphitus.
Première Olympiade. Les jeux olympiques, institués par Hercule, Pélops (*sup.* an 1362) et Pisus, ayant été interrompus, sont renouvelés par Lycurgue, roi de Lacédémone, Iphitus roi de l'Élide et Cléosthène de Pise (Pausan. 5, 8, pag. 393) vingt-sept olympiades avant celles ou Corœbus l'Éléen remporta le prix. *Paus.* 5, 8, *pag.* 393. *Tralliani de Olymp. fragm. ex edit. Meursii, in collectione operum, tom.* 7, *pag.* 125, *Eusebii Chron.* 1 *pag.* 39. (Voyez *infr.* le tableau Synoptique des Olympiades. Et *infr.* an. 776.). . . .	884	I. 1
A cette même époque, selon M. Larcher, Iasius de Tégée, vain-		

	Années av. J-C	Olympiad. d'Iphitus.
quit dans l'Olympie, à la course des chevaux. Mais nous reviendrons sur le passage de Pausan. (8, 48, p. 696) qui donne lieu à cet anachronisme.		
Athalie tuée, Joas neuvième roi de Juda, monte sur le trône, et règne 40 ans.	878	2. 3
Thalès de Crète, poëte et musicien, conseille aux Lacédémoniens de recevoir les lois de Lycurgue. *Plut. vit. Lyc. non longè ab initio.*	867	5. 2
Législation de Lycurgue. . . .	866	5. 3
Archelaüs, roi de Lacédémone, de la première maison , secondé par Charillus, prend Ægis, ville frontière : ils soupçonnaient les habitans d'être favorables aux Arcadiens. *Paus.* 3, 2, *p.* 208.	860	7. 1
Les Pisates, qui avaient Pisus pour fondateur, disputent l'intendance des jeux olympiques aux Éléens. Ceux-ci appellent à leur secours, Phidon roi d'Argos (*supr.* an 895.), et chassent les Agonothètes.	856	8. 1
Pausanias qui raconte le fait (6, 22, pag. 609.), ajoute que ces prétentions des Pisates occasionèrent leur ruine ; et que, dans la 48ᵉ. olympiade,		

	Années av. J.-C.	Olympiad. d'Iphitus
les Arcadiens, à l'exemple des Pisates, disputèrent aux Éléens, l'intendance de l'hiéron de l'Olympie.	856	8. 1
Phidon, roi d'Argos, est détrôné par les Lacédémoniens. (*supr.* an. 895 et 856.).	854	8. 3
Mort de Lycurgue.	840	12. 1
Téléchus, roi de Lacédémone, prend et détruit Amycle, Pharis, Géranthres. *Paus.* 3, 11, *pag.* 208.	826	15. 3
Joas, roi de Jérusalem, remporte une victoire sur Amasias, roi de Juda, et pille Jérusalem.	826	15. 4
Fondation de Carthage, 65 ans avant celle de Rome. *Vell. Pat.* 1, 6.	819	17. 2
Téléchus est tué par les Messéniens dans un hiéron d'Artemis situé dans un lieu nommé Lunnes et situé sur les confins de la Messénie et de la Laconie. *Paus.* 3, 2, *pag.* 208. . . Alcaménès son fils lui succède, il règne 37 ans.	813	18. 4

8ᵉ. SIÈCLE.

	Années av. J.-C.	Olympiad. d'Iphitus.
Alcaménès attaque la ville d'Hélos, ville maritime que les Achéens avaient rétablie, la détruit et bat les Argiens qui étaient venus au secours. *Paus.* 3, 2, *p.* 209. . . . . Cette ville avait été prise et ses habitans réduits en esclavage 292 ans auparavant.	799	22. 2
Dernière année des Olympiades d'Iphitus.	777	22. 4

Olympiades de Corœbus.

L'Olympiade de Corœbus est regardée comme la première, parce que c'est celle dont se servent les Grecs pour calculer les temps.

	Années av J.-C.	Olympiad de Corœb
Depuis la première Olympiade de Corœbus, jusqu'à la vingt-sixième, les Éléens eurent l'intendance de l'*Hiéron* et des jeux. (Strab. traduc. fran., tome 3, page 185. Voyez les notes 1, 2, 3, 4.).	776	1. 1
Phul, le même que Sardanapal, roi d'Assyrie.	765	5. 4
Phul ravage le royaume d'Israël, vers la huitième année du règne de Manahem. *IV Reg. cap.* 15, *vers.* 19. Sabacos, roi d'Éthiopie, fait la conquête de l'Égypte, et la conserve 50 ans. *Herod.* 2, 139. (Voy. *supr.* an. 1011.).	763	4. 2
Fondation de Crotone par Myscellus. *Strab.* 6, *p.* 402, 403; et traduc. fran. tom. 2, pag. 329.	759	5. 2
Fondation de Naxos en Sicile, par les Chalcidiens de l'Eubée, sous la conduite de Theuclès, chef de la colonie. *Thuc.* 6, 3.	758	5. 3

	Années av. J.-C	Olympiad. de Corœb.
Fondation de Syracuse, par Archias, la vingt-sixième année de l'archontat perpétuel d'Æschyle. *Thuc.* 6, 3. *Marmora Oxoniens. Ep.* 32. et mon Anthol. poét. p. 44. . . .	758	5. 3
Fondation de Locres en Italie. *Strab.* 6, *pag.* 397.	757	5. 4
Fondation de l'île de Corcyre par Chersicratès de Corinthe. *Thuc.* 1, 25; *Strab.* 6, *pag.* 414.		
Les Colchidiens, établis dans l'île de Corcyre, passent sur le continent, et vont demeurer avec les Abantes et les Nestéens. *Apollodor. Rhod.* 4, 1214.	756	6. 1
Fondation de Rome, selon Varron, au printemps. *Plutarch. vit. Romuli.*	754	6. 2

	Années av. J.-C.	Olympiad. de Corœb.	Ann. de Rome.

Nota. A partir de cette époque, nous joignons à l'indication des années av. J.-C., et des olympiades de Corœbus, celle des années de Rome.

Des Chalcidiens, partis de Naxos, chassent les Sicules de Léontium et fondent Catane. *Thuc.* 6, 3. . . . . — 753 — 6. 3 — 1

Trotilos, en Sicile, fondée par Lamis. *Thuc.* 6, 4. (Voy. *infr.* 744.). . . . . — 752 — 6. 4 — 1

Les Mèdes et les Babyloniens secouent le joug des Assyriens. Phul ou Sardanapal est détrôné et tué par Arbacès, gouverneur de Médie, et par Bélésis, prêtre de Baal à Babylone. . . . — 748 — 8. 1 — 6

Des débris de l'empire d'Assyrie non entièrement détruit (ann. 729, 727, 713, 711.) par cet événement, se forment les empires de Babylone et Ninive et de Médie. (MM. Mentelle et Letr. placent ces faits 916 ans av. J.-C., en avouant toutefois que l'histoire de cet empire est une des parties les plus obscures de l'antiquité.

	Années av. J.-C.	Olympiade de Corinb.	Ann. de Rome.
Nous, nous avons cru devoir suivre MM. Larcher et les savans qu'il a pris pour guides.).	748	8. 1	6
Nabonassar, premier roi de Babylone, bien connu par l'ère qui porte son nom, détruit toutes les histoires antérieures, et par conséquent toutes les observations astronomiques auxquelles elles étaient liées. . .	747	8. 1	7
Sémiramis, épouse de Nabonassar, roi de Babylone. . .	746	8. 3	8
Lamis se retire à Léontium, la gouverne quelque temps avec les Chalcidiens, mais ensuite chassé par eux, il va fonder Thapsos. *Thuc.* 6,4. . . .	744	9. 1	10
Première guerre de Messénie; elle commence la deuxième année de la neuvième olympiade (Paus. 4, 5, p. 292.) et dure 20 ans. (Ib., C. 12, p. 309.): elle finit la première année de la quatorzième olympiade, selon Paus. 4, 13, p. 312. (Voy. mon *Archidamus d'Isocrate*, p. 62, article Μεσσήνη de l'index, et *infr.* 682.). . . .	743	9. 2	11
Combat entre les Messé-			

	Années av. J.-C.	Olympiad. de Corœb.	Ann. de Rome.
niens et les Lacédémoniens : l'aile droite des Messéniens mise en déroute par Polydore, roi de Lacédémone ; l'aile gauche, commandée par Euphaès, roi de Messénie, bat les Spartiates commandés par Théopompe. *Pausan.* 4, 8, *p.* 3oo.	738	10. 3	16
ˍNabonassar tombe malade : Sémiramis, son épouse, règne en sa place pendant sa maladie, et peut-être les deux années de Nadius, à cause de son bas âge. Midas, fils de Gordius, roi de Phrygie. *Herodot.* 1, 14; *Euseb.*	737	10. 4	17
Archidamus, fils de Théopompus, roi de Lacédémone, meurt avant son père. *Pausan.* 4, 15.	734	11. 3	20
Nadius, roi de Babylone, règne deux ans.	733	11. 4	21
Chozirus et Porus, rois de Babylone, règnent cinq ans. . Euphaès perd la vie dans un combat entre les Messéniens et les Spartiates. Pausan. 4, 10, pag. 3o4, entre ici dans de grands détails historiques. .	731	12. 2	23

	Années av. J.-C.	Olympiad, de Corœb.	Ann. de Rome.
Lamis meurt à Thapsos. Thelgath-Phalnazar, roi d'Assyrie, marche contre Achaz, roi de Juda, vers la douzième année du règne de ce prince. *Paralipom.* 2, 28, 20.	729	12.4	25
Les Chalcidiens, qui avaient accompagné Lamis à Thapsos, en sont chassés.	728	13.1	26
Ils fondent la ville de Mégare en Sicile. Salmanasar, roi d'Assyrie, impose un tribut à Osée, roi d'Israël. *IV Reg.* 17, 3. Mort d'Achaz, roi de Juda : Ezéchias, prince religieux, lui succède, et règne 29 ans : c'est le quinzième roi de Juda.	727	13.2	27
Ilulæus, roi de Babylone, le même que Baladan de l'Écriture, règne cinq ans. Théopompe, roi de Lacédémone, de la seconde maison, est tué dans une action contre les Messéniens. *Clem. Alexand. Cohortat. ad Gentes*, pag. 36. Paus. 6, 4, pag. 294, prétend qu'il mourut dans son lit. Il a été réfuté par Boivin l'aîné,	726	13.3	28

	Années av. J.-C.	Olympiad. de Corœb.	Ann. de Rome.
Mémoires de l'Académie des Belles-Lettres, tom. 2 , pag. 97 et suiv. . . . . . . Zeuxidamus , fils d'Archidamus et petit - fils de Théopompe, succède à ce prince : il règne 40 ans. . . . . . La course du double stade, ou diaule, introduite aux jeux olympiques. (Voy. *El. Soph.* 692 *sq.* et ma *Géographie d'Hérodote.*) (Sous presse.). .	724	14. 1	30
Salmanasar assiége Samarie sur le refus que fait Osée de payer le tribut qui lui avait été imposé. *IV Reg.* 17, 4, 5 et 6.			
Hippomènes, quatrième archonte décennal ; c'est le dernier descendant de Codrus. . Prise d'Ithome par les Lacédémoniens : fin de la première guerre de Messénie. *Paus.* 4, 13, *pag.* 312.	723	14. 2	31
Fondation de Tarente. . .	722	14. 3	32
Salmanasar prend Samarie après un siége de trois ans, et transporte en Assyrie ses habitans avec ceux du royaume d'Israël.	721	14. 4	33

	Années av J.-C.	Olympiad. de Corœb.	Ann. de Rome.
« Ici donc, dit le savant M. Mentelle, le royaume d'Israël que nous avons vu se former peu après la mort de Salomon, avait eu plusieurs fois la guerre soit avec le royaume de Juda, soit avec quelques petits royaumes de la Syrie. Mais c'étaient surtout les rois de l'Assyrie qui lui avaient porté les plus grands coups. L'un des rois de cet empire, Salmanasar, avait vaincu Osée et lui avait imposé un tribut : quelques années après, ce prince tributaire refusa de le payer. Salmanasar marcha contre ce prince, et prit Samarie dont il emmena les habitans en captivité : une partie de la nation éprouva le même sort.	721	14. 4	33

» Les Samaritains, quoique séparés du royaume de Juda, n'en avaient pas moins conservé les cinq livres de Moïse nommés le *Pentateuque*. Ils existent encore manuscrits et même imprimés, mais écrits en caractères plus anciens que ceux appelés actuellement *hébreux* et

	Années av. J.-C.	Olympiad. de Coroeb.	Ann. de Rome.
qui ne furent à l'usage des juifs que depuis qu'ils les eurent adoptés à Babylone pendant leur captivité. »	721	14. 4	33
Mardokempad, le même que Mérodach - Baladan de l'Écriture, roi de Babylone, règne 12 ans.			
Éclipse de lune 19 mars. *Ptolemæi* Μεγάλη Σύνταξις. 4 , 5 et 6.			
Polydore , roi de Lacédémone, de la première maison, est tué par Polémarque : Eurycrates Iᵉʳ., son fils, lui succède : il règne 35 ans.	720	15. 1	34
Seconde fondation de Thasos par les Pariens. *Clement. Alexand. Stromat.* 1, *p.* 318. (Voyez l'an 1550 av. J.-C.). .			
Archiloque fleurit. *Ciceron. Tuscul. Quæst.* 1 , 1.	718	15. 3	36
Candaules, dernier roi de Lydie , de la race des Héraclides , tué par Gygès au mois de juin.	715	16. 1	39
Pythagore de Laconie remporte le prix du stade.			
Gygès, premier roi de Lydie,			

	Années av. J.-C.	Olympiad. de Corœb.	Ann. de Rome.
de la maison des Mermnades, succède à Candaules : il règne 38 ans. *H.* 1, 8, 13.	715	16. 2	39
Numa Pompilius règne à Rome.	714	16. 3	40
Fondation de la ville de Géla. *Thuc.* 6, 4.			
Séthos, roi d'Égypte. *H.* 2, 141, règne 40 ans.			
Sanacharib, roi d'Assyrie, entre en Judée, envoie un de ses généraux à Jérusalem, et passe en Égypte. *IV Reg.* 18, 13.	713	16. 4	41
Sanacharib, battu par les Égyptiens devant Péluse, est tué peu après par Adramélus et Sanasar ses fils. *IV Reg.* 19, 25. *Herodot.* 2, 141. *Moses Chorenens.* 1, 22, *pag.* 60. .	712	17. 1	42
Mardokempad, roi de Babylone, envoie des ambassadeurs à Ézéchias, roi de Juda, pour le complimenter sur le rétablissement de sa santé.			
Adramélus et Sanasar, fils de Sanacharib, se réfugient en Arménie après le meurtre de leur père, et deviennent les			

	Années av. J.-C.	Olympiad. de Corœb.	Ann. de Rome.
souches de deux familles nombreuses. *Moses Chorenens.* 1, 22, *pag.* 60. . . . . . . Assaradon, troisième fils de Sanacharib, lui succède. *Reg.* 19, 37. *Isaïas*, 37, 38. . .	711	17.2	43
Arcianus, roi de Babylone, règne cinq ans. . . . . . Déjocès, élu roi des Mèdes, règne cinquante-trois ans. .	709	17.4	45
La lutte introduite aux jeux olympiques.	708	18.1	46
Arcianus, roi de Babylone, meurt : interrègne de deux ans. Aminoclès de Corinthe construit les quatre premières trirèmes pour les Samiens. *Thuc.* 1, 13.	704	19.1	5o
Bélithus, roi de Babylone, règne trois ans.	702	19.3	52

7ᵉ. SIÈCLE.

	Années av. J.-C.	Olympiad. de Corœb.	Ann. de Rome.
Naissance de Cypsélus, fils d'Éetion, et l'un des descendans d'Élatus, roi des Lapithes. (Voy. 3972 et 4051.). . .	700	20. 1	54
Apronadius, roi de Babylone, règne six ans. . . .	699	20. 2	55
Manassès, seizième roi de Juda, règne 55 ans. . . .	698	20. 3	56
Rigébélus, roi de Babylone, règne un an.	693	21. 4	61
Mésessimordachus, roi de Babylone, règne quatre ans. .	692	22. 1	62
Théodore et Rhœcus, tous deux habiles dans l'art de fondre le bronze et d'en faire des statues.	691	22. 2	63
Manassès, roi de Juda, est emmené captif à Babylone. .	690	22. 3	64
Mésessimordachus meurt : interrègne de huit ans à Babylone. . . . . Le pugilat introduit aux jeux olympiques. *Paus.* 5, 8, *pag.* 395. . . . . Acres en Sicile, fondée par les Syracusains. *Thuc.* 6, 5.	688	23. 1	66

	Années av. J.-C.	Olympiad. de Corœb.	Ann. de Rome.
Anaxidamus, fils de Zeuxidamus, roi de Lacédémone, de la seconde maison, règne 60 ans. *Pausan. 4, 15, pag. 315.*	684	24. 1	70
. Révolte des Messéniens. (Mémoires de l'Acad. des B.-L., tom. 46, pag. 57.). . . .	683	24. 2	70
Seconde guerre de Messénie. (Voy. *Mémoire de l'Acad. des B. L.*, et mon édit. d'*Archidamus par Isocrate.*) J'essaie d'y prouver, 1°. que le mot grec Μεσσήνη (*Messēnē*) est souvent mal traduit par Messène; qu'avant Épaminondas, il n'existait pas de ville de Messène; que ce fut Épaminondas qui la fonda; que la Messénie, aussitôt après la seconde guerre de Messénie, cessa de faire partie de la division générale du Péloponnèse; que depuis la prise de possession de la Messénie par Lacédémone, cette province perdit jusqu'à son nom; et qu'ainsi, dans les cartes faites pour cette époque, c'est-à-dire depuis la fin de la troisième guerre de Messénie,			

	Années av. J.-C.	Olympiad. de Coræb.	Ann. de Rome.
jusqu'à la reddition de la Messénie aux Messéniens, on ne doit pas voir le nom de Messénie.	682	24. 3	72

Dans sa deuxième élégie sur la seconde guerre de Messénie, Barthélemy (Anach., tom. 4, pag. 43.) n'oublie pas le nom de ce chef des Messéniens, Aristomène, second de ce nom (un autre Aristomène figura dans la première guerre messénienne, Diod. 15, 66), qui voulant effrayer les Spartiates par un coup d'*éclat* (1), se rend à Lacédémone , pénètre dans l'*hiéron* (2) de Minerve *chalcioecos* (c'est-à-dire au *temple d'airain*, et suspend près des portes du temple (3), un bouclier sur le-

---

(1) Rollin, Histoire Ancienne, tom. 3, p. 46, emploie à tort le mot *bravade*.

(2) Pausan. 10, 5, pag. 810, distingue bien l'hiéron de Minerve , de son temple d'airain (*Ib.* 4, 15, pag. 416.). C'était dans l'hiéron qu'était le naos (temple).

(3) Πρός τὸν νκὸν τῆς χαλκοίκου. Barthel. (Anach. t. 4, p. 43) veut à tort, je crois, que le bouclier ait été suspendu au mur du temple.

	Années av. J.-C.	Olympiad. de Corœb.	Ann. de Rome.
quel étaient écrits ces mots : *C'est des dépouilles des Lacé-démoniens qu'Aristomène a consacré ce monument à la déesse.*) Dans ma collection d'estampes, j'ai essayé de tirer de l'oubli le magnanime Ischolaüs; même honneur était dû à notre Aristomène.	682	24.3	72
Action entre les Messéniens et les Lacédémoniens, près du monument du sanglier, au printemps. (Mém. de l'Ac. des B.-L. t. 46.).	681	24.3	73
Les Messéniens, battus par la perfidie d'Aristocratès, s'enferment dans Ira. *Pausan.* 4, 8, *pag.* 17, *pag.* 323. (Voyez *infr.* an. 668. . . . . . Course des chars aux jeux olympiques, célébrée dans l'olympie, territoire sacré, et non dans la ville d'Olympie qui n'a jamais existé. *Pausan.* 5, 8.	680	25.1	74
Siége d'Ira par les Lacédémoniens. *Paus.* 4, 18, *p.* 323.	679	25.2	75
Fondation de Chalcédoine. *H.* 4, 144.	675	26.2	79

	Années av. J.-C.	Olympiad de Corœb.	Ann. de Rome.
Les Samiens envoient du secours aux Lacédémoniens dans la guerre contre les Messéniens, au printemps. . .	674	26. 2	80
Mort de Séthos, roi d'Égypte : anarchie de deux ans en Égypte. *Diodor.* 1 , 66.	673	26. 4	81
Douze rois, du nombre desquels est Psammitichus, règnent 15 ans en Égypte avec une égale autorité. *H.* 2 , 151 *sq.; Diod.* 1 , 66 *sq.;* et mon *Exc.* Égypte, *Camps.* (Voy. *infr.* an. 656.).	671	27. 2	83
Casmènes en Sicile, fondée par les Syracusains. *Thuc.* 6, 5.			
Prise d'Ira par les Lacédémoniens. *Paus.* 4, 20, *p.* 327. .	668	28. 1	86
Nouvelle trahison d'Aristocrates punie. *Paus.* 4, 22. .			

Fin de la seconde guerre de
Messénie. M. Raoul Rochette
(Lettres à mylord comte d'A-
berdeen, pag. 15, an 1819)
rappelle d'après les mémoires
de l'Acad. des B.-L., tom. 16,
pag. 101, *sq.*, un monument
précieux, le *bouclier d'Anaxi-
dame, fils de Zeuxidame*, lequel termina, selon Pausanias,

	Années av. J. C.	Olympiad. de Corœb.	Ann. de Rome.
(3, 7, pag. 220) la seconde guerre des Messéniens, la première année de la vingt-huitième olympiade.	668	28. 1	86
Combat entre les Corinthiens et les Corcyréens. *Thuc.* 1, 15.	664	29. 1	89
Cypsélus, Corinthien (d'où les Cypsélides), abrège à Corinthe le gouvernement des Prytanes, chasse les Bacchiades, devient tyran de Corinthe et règne 30 ans. (*H.* 1, 114; 5, 92; 6, 128.	663	29. 2	91
Commencement authentique de l'histoire du Japon. . . .	660	30. 1	94
Fondation de Byzance (Constantinople) par le Mégarien Byzas. Ce chef d'une colonie de Mégariens s'établit sur un promontoire, à l'extrémité de la Propontide, et tout près d'un canal qui communique à la mer que l'on nommait alors *Pont-Euxin*, et qui s'appelle aujourd'hui *Mer Noire. H.* 4, 144. *Eustath. ad Dionys. Perieg. v.* 803.	658	30. 3	96
Phraortès, roi des Mèdes, règne 22 ans.	656	31. 1	98

	Années av. J.-C.	Olympiad. de Corœb.	Ann. de Rome.
Psammitichus chasse les onze rois ses collègues, et règne seul en Égypte, 39 ans, et en tout 54 ans. (Voyez *supr.* 671.).	656	31. 1	98
Fondation des villes d'A-canthe, de Stagire, patrie d'Aristote, de Lampsaque et de Borysthènes, près du Pont-Euxin. *Euseb.* Fondation d'Abdères par Timésias de Clazomènes. *H.* 1, 148. (Voyez *infr.* ann. 645 et 542 ; et ma carte n°. 16, index critique.). Orthagoras, tyran de Sicyone. *H.* 5, 66.	655	31. 2	99
Phraortès, roi des Mèdes., soumet les Perses et d'autres nations asiatiques.	654	31. 3	100
Naissance de Pittacus, tyran de Mytilène. *Suid.*	952	32. 1	102
Eurycratès II, roi de Lacé-démone, de la première mai-son, succède à son père Ana-xandre : il règne 36 ans. Héro-dote (8, 204) le nomme Eurycratides. (Ici la différence de désinences entre της et τιδης			

	Années av. J.-C.	Olympiad. de Corœb.	Ann. de Rome.
me fait soupçonner une erreur.).	651	32. 2	103
Fondation de la ville d'Himère en Sicile. *Diod.* 13, 62. Thuc. (3, 115, 1.) nomme l'Himerée en Sicile. . . . Course des chevaux fondée dans l'olympie, aux jeux olympiques. *Paus.* 5, 8.	649	32. 4	105
Pisandre, fils de Pison, de Camiros, dans l'île de Rhodes, poëte célèbre, fleurit la première année de la trente-troisième olympiade ; Virgile a traduit de ce poëte la plus grande partie du second livre de l'Énéide. *Macrob. Saturn.* 5, 11. Théocrite le nomme. .	648	33. 1	106
Nabuchodonosor, roi d'Assyrie, différent du roi de Babylone de même nom. . .	646	33. 3	108
Timésias de Clazomènes est chassé d'Abdères par les Thraces *supr.* 655.	645	33. 4	109
Nabopolassar Iᵉʳ., roi de Babylone, règne 21 ans. *infr.* 623.	644	34. 1	110
Amon, fils de Manassès, dix-			

	Années av. J.-C.	Olympiad. de Corœb.	Ann. de Rome.
septième roi de Juda, règne deux ans.	643	34.2	111
Les Théréens se transportent avec Battus de l'île de Platée à Aziris en Libye, et y demeurent six ans. *Herod.* 4, 157 et 158.	637	34.4	117
Phraortès, second roi de Médie, fait la guerre aux Assyriens. . . . . :	636	36.1	118
Phraortès est tué dans une action : Cyaxares lui succède : il règne 40 ans. . . . . . Prise de Sardes par les Cimmériens. *Herod.* 1, 16. . . Fondation des villes d'Istros et de Tomes, près le Pont-Euxin, par les Milésiens. *Frag. Peripli Ponti-Euxini, p.* 12.	634	36.3	120
Cyaxares forme le siége de Ninive. . . . . Les Scythes envahissent l'Asie supérieure. Les Anciens désignaient généralement par le nom de Scythes les peuples habitant l'intérieur de l'Asie, comme aussi nous-mêmes nous les nommons ordinairement *Tartares*, qu'il serait plus correct d'écrire et de prononcer	633	36.4	121

Tatars. Cependant, en les connaissant mieux, ils les subdivisèrent en Scythes *cultivateurs*, *royaux*, *nomades*, etc., comme aujourd'hui nous disons les *Usbecks*, *les Calmoucks*, compris généralement dans la race des *Tatars*.

	Années av. J.-C	Olympiad. de Corœb.	Ann. de Rome
	633	36. 4	121

Quant à l'irruption des Scythes, dont il est ici question, elle est connue par l'historien Hérodote. Selon cet auteur, les Scythes poursuivant un petit peuple appelé *Cimmériens* (c'était un peuple septentrional), sous le règne de Cyaxare, roi des Mèdes, s'avancèrent jusque dans la Médie. Il y étaient entrés par un défilé qui se trouve entre le mont Caucase et la mer Caspienne.

Charmés de la beauté du pays et comptant bien s'en rendre maîtres, ils s'avancèrent vers la Syrie et jusqu'aux frontières de l'Égypte ; ils y dominèrent pendant l'espace de vingt-huit ans. Cependant Cyaxare ne les avait pas perdus de vue, et n'a-

	Années av. J.-C.	Olympiad. de Coræb.	Ann. de Rome.
Le poète Alcée fleurit. . . Nécos entre en Judée pour aller au-devant des Assyriens : Josias, roi de Juda, marche à sa rencontre, lui livre bataille à Mageddo, ville peu éloignée de la Tour de Straton, appelée depuis Cæsarée, la perd et périt dans le combat. *IV Reg.* 23, 29. *H.* 2, 159. . . .	611	42.2	143
Fin de la guerre des Lydiens contre les Milésiens. *H.* 1, 18, 19 et 22. . . . . Naissance du philosophe Anaximandre. . . . . . Joachaz, roi de Juda, règne trois mois : Joachim lui est substitué par Nécos : il règne onze ans. *IV Reg.* 23, v. 31, 34. .	610	42.3	144
Des Phéniciens font par ordre de Nécos le tour de l'Afrique. *H.* 4; 42.	609	42.4	145
Naissance de Pythagore. (Voy. Essai de Chronologie, de M. Larcher, chap. XXI, et l'an 510 av. J.-C.) Il n'a point été disciple de Phérécydes de Syros, qui lui était postérieur. .	608	43.1	146
Fin de l'empire d'Assyrie.			

	Années av J.-C.	Olympiad. de Corœb.	Ann. de Rome.

L'empire d'Assyrie, si vaste au temps de Sémiramis et de quelques-uns de ses successeurs, avait beaucoup perdu de sa puissance et de son étendue, par la révolte de Bélésis et d'Arbacès. Cependant on connaissait encore un état de ce nom, et la ville de Ninive continuait d'en être la capitale. Nabopolassar, roi de Babylone, ayant réuni ses forces à celles de Cyaxare, roi des Mèdes, ils prirent ensemble cette ville où régnait alors Sarac, appelé quelquefois le second Sardanapale. Les rois de Babylone et de Médie se partagèrent cette conquête, et en augmentèrent leurs propres états. . . . | 608 | 43. 2 | 147 |

Les Scythes chassés de l'Asie-Supérieure. *Herodot.* 1, 106. . . . .

Acragas, autrement Agrigente, fondée par les habitans de Géla. *Thuc.* 6, 4. . . . . | 605 | 44. 4 | 149 |

Continuation de la guerre des Lacédémoniens contre les Tégéates : les Lacédémoniens

	Années av. J C.	Olympiad. de Corœb.	Ann. de Rome.
démone, de la seconde maison, règne 50 ans. *H.* 1 , 65. . .	624	39. 1	130
Camarine fondée par les Syracusains. *Thuc.* 6 , 5. . .			
Nabopolassar II , le même que Nabuchodonosor de l'Écriture et que Labynète Iᵉʳ. d'Hérodote , règne 43 ans. . . .	623	39. 2	131
Guerre entre Sadyattes , roi de Lydie, et les Milésiens. *H.* 1 , 17.	622	39. 3	132
Ésope fleurit.	621	39. 4	133
Les Lacédémoniens essuient des pertes dans la guerre qu'ils ont avec les Tégéates. . . . Nabopolassar II, autrement dit Nabuchodonosor, épouse Nitocris, princesse du sang royal de Médie. . . . . . Darius, Mède, de Daniel, le même que Nérégasolarus du Canon de Ptolémée, et que Nériglissar de Bérose et de Mégasthènes, prince mède, vient à la cour de Nabopolassar avec la reine Nitocris sa parente. .	620	40. 1	134
Xénophanes de Colophon, fondateur de la secte ionique.			

	Années av. J.-C.	Olympiad. de Corœb.	Ann. de Rome
Apol. apud Clem., Alexandr'. Stromat. 1 , *pag.* 353.	619	40. 1	135
Nécos, roi d'Égypte, règne 16 ans. *H.* 2, 159.	617	40. 4	137
Alyattes, roi de Lydie, règne 57 ans. *H.* 1, 25.	616	41. 1	138
Héniochides, soixante-neuvième archonte annuel. *Dionys. Halic. Antiq. Rom.* 3 , 11. .	615	41. 1	138
Léon , fils d'Eurycrates II, roi de Lacédémone, de la première maison, règne 45 ans. . Lucumon, fils de Démaratus, élu roi de Rome sous le nom de Tarquinius. *Dionys. Halic. Antiq. Rom.* 3 , 11. . . .	615	41. 2	139
Les Cimmériens chassés de l'Asie-Mineure. *H.* 1, 16. . .	613	41. 4	141
Mégaclès, soixante-douzième archonte annuel. *Corsini Fast. Attic. tom.* 3, *pag.* 64. . .	612	41. 4	141
Conjuration de Cylon pour s'emparer de la souveraineté à Athènes. *H.* 5, 71. *Thuc.* 1, 126. . . . . Naissance de Sapho. *Suid.* Pittacus tue Mélanchrus, tyran de Mytilène. *Eudocia, pag.* 362.	612	42. 1	142

	Années av. J.-C.	Olympiad. de Corœb.	Ann. de Rome.
vait pas renoncé à l'espérance d'en délivrer son pays. Le dessein était louable ; mais on peut lui reprocher que, pour y réussir, il employa la trahison. Ayant invité à un grand repas les principaux chefs des Scythes, il les fit massacrer ; puis il vainquit aisément les soldats dispersés et sans discipline. Ceux qui échappèrent au fer des Mèdes regagnèrent leur pays. *H.* 1, 103, 104. (Voyez l'index de ma Géogr. d'Hérodote.)	633	36. 4	121
Cypsélus, tyran de Corinthe, meurt : Périandre, son fils, lui succède : il règne 70 ans. . . Naissance de Thalès de Milet. S'il est mort, comme le dit Sosicrates, (*apud Diog. Laert.* 1, 38), l'an 543 av. J.-C., âgé de 90 ans, il doit être né l'an 633 av. J.-C., ... ;			
Lucumon, fils de Démaratus, s'établit à Rome après la mort de son père. . . . . Naissance de Stésichorus. *Suid.*	632	37. 1	122
Battus Iᵉʳ. quitte Aziris et se			

	Années av. J.-C.	Olympiad. de Corœb.	Ann. de Rome.
rend à Cyrène, dont il est le fondateur.	631	37. 2	125
Arganthonius, roi de Tartessus, règne 80 ans. *Herod.* 1, 163. *Cicero, de Senectute*, 19.	629	57. 4	125
Sadyattes, roi de Lydie, règne 12 ans. *Herodot.* 1, 16. Les Scythes ravagent la Judée la quatorzième année de Josias, et prennent la ville d'Ascalon. *Id. ibid.* 105. . . . . . Les Scythes se mettent en marche pour aller en Égypte : Psammitichus va au-devant d'eux, et les engage, par ses présens, à s'éloigner de l'Égypte. *Id. ibid.*	628	38. 1	126
Sélinunte fondée par les Mégariens. *Thuc.* 6, 4. . . .	627	38. 2	127
Arion, poète dithyrambique, fleurit. *Suidas.*	626	38. 3	128
Trasybule, tyran de Milet. *Herodot.* 1, 20.	625	38. 4	129
Dracon, soixantième archonte annuel, publie ses lois. *Clement. Alexandr. Stromat.* 1, *pag.* 366.	624	38. 4	129
Agasiclès (ou Hégésiclès, en dialecte ionien), roi de Lacé-			

	Années av. J.-C.	Olympiad. de Cœræb.	Ann. de Rome.
essuient plusieurs échecs. *H.* 1, 65.	604	44. 1	150
Prise de Ninive par Cyaxare, roi des Mèdes. *Id.*, *ibid.* 106.	603	44. 2	151
Guerre entre Cyaxare, roi des Mèdes, et Alyattes, roi de Lydie, au sujet de quelques Scythes transfuges. *H.* 1, 73. .	602	44. 3	152
Psammis, fils de Nécos, roi d'Égypte, règne six ans. *H.* 2, 161.	601	44. 4	153
Fondation de Marseille par des Phocæens venus de Phocæé, ville d'Ionie. . . . . . . Thucydide (1, 13), Aristote cité par Athénée (p. 576, éd. Cas. 1598), Strabon (8, pag. 388, A.) écrivent Μασσαλία; et Pausanias (10, p. 816, 817) donne Μασσαλιῶται. Il serait donc bien de renoncer au latin *Massilia*, et d'écrire en français *Massalie*, orthographe justement adoptée par les traducteurs de Strabon. *Massalia* désigne et *Massalia*, ville, et le territoire de *Massalia*, lequel renfermait plusieurs villes. (Voyez M. Raoul-Rochette,	600	45. 1	154

	Années av. J.-C.	Olympiad. de Corœb.	Ann. de Rome.
Histoire des Colonies. gr. t. 3, pag. 416.).	600	45. 1	154

Hérodote (1 , 165) fait mention du voyage des Phocæens (appelés ensuite *Massaliens*) à Cyrne (Corse), mais ne fait nulle mention de Massalie, colonie grecque.

La fondation de cette colonie de Phocæens serait-elle postérieure au fait de leur émigration à Cyrne?

Sans discuter ici la date des quatre colonies consécutives qui eurent lieu à Massalie (1), rappelons que ce fut à l'époque des conquêtes d'Harpage (H. 1 , 165, 59°. olym. troisième ann., 542 ans av. J.-C.) que les *Phocæens* (et non *Phocéens*) allèrent chercher sous la conduite de Créontiade (M. Raoul-Roch. l. I, pag. 412, 415) un asile auprès de leurs colons de Massalie.

Voyez au reste, 1°. les notes

___

(1) Voyez à ce sujet les savantes obs. de M. Rochette. (Colon. gr. , tom. 3 , pag. 408, *sq.*)

	Années av. J.-C.	Olympiad. de Corœb.	Ann. de Rome
de M. Larcher et les nôtres, où nous relevons une inexactitude de M. Larcher qui suppose (H. 1 , 167, 1) qu'on tire les Pho- cæens au sort pour les assom- mer; 2°. Strabon , 6, p. 388, a ; 3°. *infr.* an. 535.	600	45. 1	154
Première guerre sacrée ou phocique.	600	45. 2	154

Avant M. de Sainte-Croix on ne distinguait que deux *guerres sacrées.* On en veut distinguer trois depuis l'examen d'un pas- sage de Thucydide, dont nous parlerons , et qui me semble inexactement interprété par le savant M. de Sainte-Croix.

La première guerre sacrée (Voy. Larch., tom. 7, p. 613, et Eschine contre Ctésiphon, pag. 499, édit. R.), date de la la première année de la 45ᵉ. olympiade, 600 ans avant l'ère chrétienne. Eschine raconte à peu près ainsi ce qui y donna lieu (pag. 302, édit. gr. d'Aug.) « *Il est une plaine qu'on appelle Cirrhéenne et un port mainte- nant nommé* EXÉCRABLE ET MAU-

	Années av. J.-C.	Olympiad. de Corœb.	Ann. de Rome.
	600	45. 2	154

DIT. *Les Cirrhéens et les Acra-*
gallides, race ennemie des lois,
avaient profané l'Hiéron de
Delphes, pillé les offrandes,
insulté les Amphictyons. D'a-
près l'ordre de la Pythie et l'avis
de Solon, les Amphictyons ras-
semblèrent des forces considé-
rables parmi les Grecs amphi-
ctyoniques, asservirent les habi-
tans, comblèrent les ports,
rasèrent leur ville, et consa-
crèrent leur territoire. Ils s'en-
gagèrent de plus, sous les plus
terribles sermens, à ne point
labourer eux-mêmes le sol sa-
cré et à ne permettre à qui que
ce soit de le labourer. » La durée
de cette guerre égala celle de la
guerre de Troie (1), puisqu'ayant commencé la pre-
mière année de la 45ᵉ. olympiade, elle finit (M. L. *ib.* pag.
615) la troisième année de la
47ᵉ. olympiade, 590 ans avant
J.-C., sous l'archontat de Si-

____

(1) M. Sainte-Croix, Gouv. féd., pag. 286.

	Années av. J.-C.	Olympiad. de Corœb.	Ann. de Rome.
mon ou Simonide, à Athènes (1); ce qui donne les dix années complètes. Eschine, dans sa harangue contre Ctésiphon, après avoir fait mention de cette première guerre, arrive au récit de la guerre sacrée qui eut lieu de son temps et de celui de Démosthènes. Mais, entre celle-ci et la première, Thu-	600	45. 2	154

(2) Ajouterai-je avec M. Sainte-Croix (Gouv. féd. , p. 286), *et sous celui de Gylidas, à Delphes* (*)? Mais Dodwel (pag. 778 , 795 , 797) nomme Gylidas et Diodore comme archontes de Délos et non de Delphes. (Voyez M. Sainte-Croix , l. l. — *Corsini Fast. attici*, tom. 2 , pag. 80 ; et pag. 52 de ses *Dissert. agonisticæ*.) Le même Corsini, pag. 52 , traduit τοῦ δ' ἐπιγινομένου θέρους, ἐναυτίαι σπονδαὶ διελέλυντο μέχρι Πυθίων, *sequenti æstate induciæ, quæ in spatium annuum, ad Pythia usque factæ fuerunt, solutæ sunt (quæ ad Pythia usque processerant,* Valla); mais je propose de traduire : *avec le printemps de l'été, qui commençait aussitôt* (c'est-à-dire la première année de la 89ᵉ. olym.), *les Lacédémoniens et les Athéniens conclurent une trêve d'une année.* (Th. IV, 117, 118.) *Cette trêve d'un an, qu'on avait rompue* (Voy. les derniers chap. du liv. 4) *était demeurée en état de rupture jusqu'aux jeux Pythiques de l'été suivant;* version qui , si elle est exacte (et je le crois, car elle rend la force du plusque—parfait), dérange les idées de Corsini.

(*) Voyez Corsini, pag. 41 de ses *Dissert. agonisticæ*.

	Années av. J.-C.	Olympiad. de Corœb.	Ann. de Rome.
cydide en annonce une autre,	600	45:2	154

cydide en annonce une autre,
que l'on nomme *la seconde
guerre sacrée*, et que ne fait
pas même soupçonner le récit
d'Eschine.

Cette *deuxième guerre sacrée*
commença, selon M. Larcher
(pag. 653 de sa *Chron.*), la
deuxième année de la 80ᵉ.
olympiade, et finit, selon
MM. Larcher et de Sainte-Croix
(Gouv. f. p. 290), la quatrième
année de la même olympiade,
457 ans avant J.-C., Mnésithée
(Mnésithéidès, selon M. Larcher, pag. 654 de sa Chron.)
étant archonte à Athènes,
vingt-six ans avant le commencement de celle du Péloponnèse. Sans Thucydide, dit M. de
Sainte-Croix, nous ignorerions
l'existence de cette seconde
guerre sacrée. Voici le passage :
Λακεδαιμόνιοι δὲ μετὰ ταῦτα τὸν ἱερὸν
καλούμενον πόλεμον ἐςράτευσαν, καὶ
κρατήσαντες τοῦ ἐν Δελφοῖς ἱεροῦ,
παρέδοσαν Δελφοῖς. Καὶ αὖθις ὕςερον
Ἀθηναῖοι, ἀποχωρησάντων αὐτῶν,
ςρατεύσαντες καὶ κρατήσαντες παρέτ

	Années av. J.-C.	Olympiad. de Corœb.	Ann. de Rome.
	600	45. 2	157

δοσαν Φωχεῦσι. Pour moi, d'après ces mots μετὰ ταῦτα, *après cela,* c'est-à-dire, *après l'expédition et la mort de Cimon en Cypre,* je soupçonnerais, non une nouvelle guerre sacrée, mais une reprise et une suite de guerre sacrée, après la mort de Cimon. J'énonce un simple soupçon ; car je n'ai discuté ni les textes, mal interprétés peut-être, ni les dates qu'on a pu confondre ; mais ce qui me paraît certain, c'est que μετὰ ταῦτα, que M. de Sainte-Croix traduit par *sur ces entrefaites* (*Ib*. p. 287), signifie *après cela* (version ici rejetée par M. de Sainte-Croix, mais adoptée par lui-même, p. 292), et non *sur ces entrefaites.* Ἐυ τῷ μεταξὺ (s. χρόνῳ) ἐν τούτῳ, et autres locutions semblables, peuvent seuls, en prose (et chez les poëtes aussi, je crois), rendre *sur ces entrefaites.*

La troisième guerre sacrée, selon M. Larcher (*ib*. p. 694), commença la première année de la 106ᵉ. olympiade, 356

	Années av. J.-C.	Olympiad. de Corœb.	Ann. de Rome.
	600	45. 2	154

ans avant J.-C., et fut terminée la deuxième année de la 108ᵉ. olympiade, 346 ans avant J.-C. (M. Larcher, *ib.* p. 699.) Nous avons vu ci-dessus que les Amphictyons s'étaient engagés sous les plus terribles sermens à ne point labourer eux-mêmes le sol sacré, et à ne permettre à qui que ce soit de le labourer. « *Au mépris et de ces sermens accompagnés d'horribles imprécations, et de la réponse de l'oracle, encore gravés sur la pierre* (du temps de Démosthènes), *les scélérats Amphissiens labourèrent cette terre sacrée, rebâtirent le port maudit, et levèrent des tributs sur ceux qui le côtoyaient* (1). (Esch. p. 499, édit. R.). » Ils sont cités au tribunal des Amphic-

---

(1) Apollon outragé, voilà le prétexte de la guerre faite d'abord aux Cirrhéens et aux Crisséens, et ensuite aux Amphissiens. Mais la vérité, c'est que les uns et les autres, grâce à leur position, s'étaient enrichis par les tributs qu'ils levaient sur les commerçans de Sicile et d'Italie. (Voyez Strabon, 9, pag. 641, lig. 3, *sq.*)

tyons et déclarés profanes. Les Phocéens s'arment avec les Amphissiens contre les Amphictyons : tous les Grecs prennent part à la querelle. D'abord Philippe de rester neutre ; mais dès qu'il leur a laissé le temps de se froisser les uns par les autres, il paraît, et se déclare le défenseur du dieu outragé. Les Amphictyons, par le conseil d'Eschine, le mettent à leur tête (c'était lui assurer d'avance l'empire de la Grèce): mais au lieu de poursuivre les Amphissiens, dont les profanations le touchaient peu, il attaque et prend Élatée, dont Strabon a dit (p. 639) : *« Quiconque est maître d'Élatée, possède l'entrée de la Phocide et de la Béotie.*

De mortelles inimitiés divisaient depuis long-temps Athènes et Thèbes. Démosthènes parvint à les réunir contre l'ennemi commun. Mais cette alliance jugée nécessaire, fut malheureuse par l'événement.

Années av. J.-C.	Olympiad. de Corœb.	Ann de Rome.
600	45. 2	154

	Années av. J.-C.	Olympiad. de Corœb.	Ann. de Rome.
Philippe gagna la fameuse bataille de Chéronée (troisième année de la 90ᵉ. olympiade, 338 ans avant J.-C.), objet des violentes déclamations d'Eschine, et des plus éloquens morceaux de Démosthènes.	600	45.4	154

6ᵉ. SIÈCLE.

	Années av. J.-C.	Olympiad. de Corœb.	Ann. de Rome.
Éclipse de soleil du 9 juillet, prédite par Thalès. *H*. 1, 74. Telle est la date de M. Larcher; mais M. de Saint-Martin, ce qui dérangera bien des calculs, la met 609 avant J.-C., le 30 septembre, au commencement de l'année persanne. Tous les faits qu'il a recueillis et les conséquences qu'il en tire semblent bien établir son opinion. (Voyez mon *excursus* sur l'éclipse de Thalès.).	597	45.4	157
Fin de la guerre entre Cyaxare, roi de Médie, et Alyattes, roi de Lydie.			

	Années av. J.-C.	Olympiad, de Corœb.	Ann. de Rome.
Astyages, fils de Cyaxare, épouse Aryénis, fille d'Alyattes. *Herodot.* 1, 74. . . .	597	45.4	157

Astyages, roi des Mèdes. Le règne de ce prince est remarquable, parce qu'alors la monarchie des Mèdes s'agrandit considérablement. Astyages avait marié sa fille Mandane à Cambyse, roi d'un petit pays appelé la Perse. Mais bientôt le fils de Cambyse, Cyrus, ayant pris du service dans les armées de son aïcul, augmenta l'étendue des états de ce prince par de nouvelles conquêtes. Quoique je ne me propose pas d'entrer ici dans aucun détail particulier sur l'histoire de Cyrus, je ne dois pas laisser ignorer que les commencemens de son règne, aussi-bien que sa mort, sont racontés d'une manière tout-à-fait différente par Hérodote qui en parla le premier, puis par Xénophon qui écrivit ensuite. Quant au fond de l'histoire, d'après l'un et l'autre historien, il est prouvé que Cy-

	Années av. J.-C.	Olympiad. de Corœb.	Ann. de Rome.
rus fut un grand homme de guerre, et le fondateur de la monarchie des Perses qui succéda à celle des Mèdes, ainsi que bientôt on va le voir. (M.)	597	45.4	157
Naissance de Mandane, fille d'Astyages. . . . . . . Sapho passe en Sicile. *Marmora, Oxoniensa, Epoch.* 37. Épiménides vient de Crète à Athènes pour purifier les Athéniens du meurtre des partisans de Cylon. *Diog. Laert.* 1, 110.	596	46.1	158
Apriès, roi d'Égypte, règne 25 ans. *Herodot.* 2, 161. Naissance de Crésus, fils d'Alyattes, roi de Lydie. . .	595	46.2	159
Cyaxare meurt : Astyages, roi des Mèdes, règne 35 ans. *Hérod.* 1, 130. . . . . . Législation de Solon. . . *Solon, législateur d'Athènes.* Depuis l'abolition de la royauté, Athènes avait éprouvé des troubles intérieurs, et les désordres s'étaient accrus. Pour y remédier, et surtout pour en prévenir les suites, le peuple avait chargé Dracon, homme	594	46.3	160

	Années av. J.-C.	Olympiad. de Corœb.	Ann. de Rome.
sage, mais très-sévère, de faire des lois nouvelles. Il les fit en effet; mais elles étaient si dures que l'on a dit qu'*elles étaient écrites avec du sang.* Ne pouvant être observées, elles furent insuffisantes. Les rares qualités de Solon le firent choisir pour la rédaction d'autres lois. Ce que l'on en connaît, joint à ce que l'on sait du caractère léger des Athéniens, prouve qu'il leur donna, ainsi qu'il le disait lui-même, les *meilleures lois qu'ils fussent capables de recevoir.* On lui offrit le pouvoir suprême; il le refusa et voyagea en Égypte. (M.) . .	594	46. 3	160

Anacharsis, prince de la maison royale de Scythie, voyage en Grèce. Ce voyage a donné occasion au savant abbé Barthélemy de faire aussi voyager en Grèce le neveu de ce philosophe, et de développer, dans son savant ouvrage, les sciences, la philosophie, les différentes formes de gouvernement, l'histoire, la littérature

	Années av. J.-C.	Olympiad. de Coroeb.	Ann. de Rome.
et les arts des beaux siècles de la Grèce; ouvrage immortel, dans lequel on ne sait ce que l'on doit le plus admirer, ou de l'immense érudition, ou des agrémens du style.	592	47.1	162
Arcésilas Iᵉʳ., roi de Cyrène, règne 16 ans. *Herod.* 4, 159.	591	47.2	163
Pittacus, æsymnète ou tyran de Mytilène. *Diog. Laert.* 1, 55; *Aristotel. Politicor.* 3, 14, p. 356. (Voy. *infr.* an. 580.). Guerre des Mytiléniens contre les exilés, commandés par le poëte Alcée et par Antiménides. *Aristotel. ibid.* . . . . . . Prise de la ville de Cyrrha par Eurylochus, général nommé par les Amphictyons : fin de la première guerre sacrée ou guerre Crissæcnne par Strab. (9, p. 641, A. M. Dutheil, *ib.* lui donne la date de 592 à 585 avant J.-C.) *Marm. Oxon. Epoch.* 38, 2; *argum.* 2, *in Pythica*, p. 163.	590	47.3	164
Fin du royaume de Juda. On a vu que le royaume de Juda, formé des tribus de Juda,			

	Années av. J.-C.	Olympiad. de Corœb.	Ann. de Rome.
et de Benjamin, avait pour capitale Jérusalem. Sous le règne de Sédécias, dernier roi de cet état, le roi de Babylone, Nabuchodonosor, entra dans la Judée avec des forces très-considérables, prit Jérusalem, chargea de fers le roi et l'emmena en captivité avec la plus grande partie de la nation. C'est depuis cette époque que tous les Juifs comptent la durée de leur captivité. Arrivés sur les bords de l'Euphrate et du Tigre, ils furent dispersés en différentes parties de l'empire de Babylone. (M.).	585	48. 3	168
Naissance de Théognis. . .	583	49. 2	171
Fin de la guerre des Mytiléniens contre les Athéniens. *Valer. Maxim.* 6, 5, *Extern.* 1 ; *Diog. Laert.* 1, 74. . . .	581	49. 4	173
Pittacus abdique la tyrannie de Mytilène. *Diog. Laert.* 1, 75, 79. (Voyez *supr.* an 590, et *infr.* an 570 et 552.). . .	580	50. 1	174
Darius, Mède, le même que Nérégasolarus de Ptolémée, et			

	Années av J.-C.	Olympiad. de Corœb.	Ann. de Rome.
Nériglissar de Bérose, monte sur le trône, et règne cinq ans.	577	50. 4	177
Mandane, fille d'Astyages, roi des Mèdes, épouse Cambyses, Perse de la plus haute naissance.	576	51. 1	178
Lycophron, fils de Périandre, tyran de Corinthe, est relégué par son père dans l'île de Corcyre. *Herod.* 3, 50. . Naissance de Cyrus, fils de Cambyses et de Mandane. . Battus II, surnommé l'Heureux, roi de Cyrène. *Herodot.* 4, 159.	575	51. 2	179
Ariston, roi de Lacédémone, de la seconde maison, règne 54 ans : il était contemporain d'Anaxandrides, roi de Lacédémone, de la première maison. *Herodot.* 1, 55. . . . . . . Crésus, associé au trône de Lydie par son père Alyattes. .	574	51. 3	180
Apriès, roi d'Égypte, battu par les Cyrénéens. *Herodot.* 2, 161 ; 4, 159.	573	51. 4	181
Clisthènes, tyran de Sicyone, remporte le prix aux jeux olympiques. *Herodot.* 6, 126. . .	572	52. 1	182

	Années av. J.-C.	Olympiad. de Corœb.	Ann. de Rome.
Conquêtes de Crésus, depuis qu'il est associé au trône par son père. . . . . Bias donne à Crésus un conseil salutaire aux Ioniens insulaires. On ignore le temps de la naissance de ce philosophe et celui de sa mort. . . .	572	52. 1	182
. Les Phocæens, effrayés des conquêtes de Crésus, élèvent leurs murs par les libéralités d'Arganthonius, roi de Tartessus. *Herodot.* 1, 163. . . .	571	52. 2	183
Amasis, roi d'Égypte, règne 44 ans. . . . . Mort de Pittacus, tyran de Mytilène. *Diogen. Laert.* 1, 79. (Voyez *supr.* an. 580.). . Mégaclès, fils d'Alcmæon, et petit-fils de Mégaclès, qui fut archonte 612 ans avant notre ère, épouse Agariste, fille de Clisthènes, tyran de Sicyone. *Herodot.* 6, 130. . . . . Voyage de Solon à Sardes. . Anaxandrides, fils de Léon, roi de Lacédémone, de la première maison, règne 55 ans. .	570	52. 3	184
Entretien d'Ésope avec Solon.	569	52. 4	185

	Années av. J.-C.	Olympiad. de Coræb.	Ann. de Rome.
Paix simulée des Lacédémoniens avec les Tégéates. . .	568	53. 1	186
Les Lacédémoniens envoient consulter l'oracle des Delphiens au jujet des Tégéates. Leur première guerre contre ce peuple avait été constamment malheureuse. *Herod.* 1 , 67, 1. (Voy. *infr.* l'ann. 546. . .	567	53. 2	187
Institution des grandes Panathénées. *Pherecydes, primo Historiarum libro apud Marcellinum in vitá Thucydidis.* (Voyez l'an 1316.). . . . Lichas se rend à Tégée à la faveur de la paix, et enlève le corps d'Oreste : les Lacédémoniens deviennent supérieurs aux Tégéates , suivant la réponse de l'oracle. *Herodot.* 1 , 68. . . . . Lycophron, fils de Périandre, tyran de Corinthe, est tué par les Corcyréens. *Idem.* 3 , 53.	566	53. 3	188
Périandre envoie à Alyattes 300 enfans des plus illustres maisons de Corcyre, pour être faits eunuques. *Idem.* 3, 48. .	565	53. 4	189

	Années av. J.-C.	Olympiad. de Coræb.	Ann. de Rome.
Périandre réconcilie Hégésistrate, fils de Pisistrate, avec les Mytiléniens. *Herod.* 5, 94, 95.	564	54. 1	190
Alalie, fondée dans l'île de Cyrne (Corse), par les Phocæens, vingt ans avant la prise de Phocœé par les Perses. *H.* 1, 165.	562	54. 3	192

Pisistrate usurpe l'autorité dans Athènes. Les Lois données aux Athéniens par Solon n'avaient pu arrêter l'audace de quelques esprits remuans, qui, sous prétexte du bien public, cherchaient à s'emparer de l'autorité. Pisistrate, homme ambitieux, mais auquel on ne peut refuser un grand mérite, était parvenu, à force de ruses, à se faire un fort parti parmi le peuple; puis il s'empara de l'acropole. Il fut chassé trois fois, et trois fois réussit à reprendre l'autorité. Ce fut dans une de ces circonstances qu'ayant travesti en Minerve une fille de haute stature et méconnue à la ville, il la plaça debout sur un char, près de

	Années av. J·C.	Olympiad. de Corœb.	Ann. de Rome.
lui, et rentra triomphant dans Athènes, laissant ainsi croire au peuple que la déesse elle-même venait le rétablir à la tête du gouvernement. . . Il avait deux fils, Hipparque et Hippias, qui ne réussirent pas à conserver l'autorité qu'avait usurpée leur père. . . . Pendant son gouvernement Pisistrate fit des lois utiles, établit une bibliothéque, et s'occupa de rétablir le texte d'Homère dans toute sa pureté. (Ment.). . . . . La comédie inventée par Susarion est représentée pour la la première fois à Athènes (M. Letr.). Anaximandre invente les cartes géographiques, et Anaximène introduit l'usage des cadrans solaires. (M. Letr.)	561	55. 3	193
Ésope, précipité de la roche Hyampée en mai ou juin. *Plut. de his qui serò à Numine puniuntur, pag.* 557, A. . . Crésus perd son fils aîné à la chasse. . . . . Crésus monte sur le trône	560	54. 4	194

	Années av. J.-C.	Olympiad. de Corœb.	Ann. de Rome.
par la mort de son père, vers la fin de mai. . . . . . Cyrus, roi de Perse. . . .	559	55. 1	195
Astyages, roi de Médie, battu et fait prisonnier par Cyrus son petit-fils : conquête de la Médie par Cyrus. Pisistrate est chassé d'Athènes par les partisans de Mégaclès et de Lycurgue qui s'étaient réunis. *Herodot.* 1, 59. . . . . Naissance d'Anacréon. . . Mort de Solon sous l'archontat d'Hégéstrate. *Plutarch. in Solone, pag.* 97.	559	55. 2	195
Inquiétudes de Crésus sur l'accroissement de la puissance de Cyrus. *Herodot.* 1, 46. . Naissance de Simonides, fils de Léoprépès. (Voy. l'an 468.)	558	55. 3	196
Crésus envoie consulter l'oracle des Delphiens. *Marm. Oxon. Epoch.* 42. . . . . Les Samiens enlèvent un corselet envoyé par Amasis, roi d'Égypte, aux Lacédémoniens. *Herodot.* 3, 47. . . . Les mêmes enlèvent un cratère que les Lacédémoniens	556	56. 1	198

	Années av. J.-C.	Olympiad. de Corœb.	Ann. de Rome.
envoyaient à Crésus. *Idem, ibid.* . . . . Les divisions recommencent entre les partisans de Lycurgue et de Mégaclès : celui-ci, qui était petit-fils d'Alcmæon, et petit-fils de Mégaclès, qui fut archonte l'an 612 avant notre ère, ayant été chassé par les partisans de Lycurgue, fait proposer à Pisistrate de le rétablir, s'il veut épouser sa fille. *Herodot.* 1, 60. . . . . . Mort de Clisthènes, tyran de Sicyone.	555	56. 2	199
Arcésilas II, surnommé le Mauvais, roi de Cyrène. *Plut. de virtut. Mulierum, pag.* 260. Pisistrate épouse la fille de Mégaclès : il est rétabli avec les secours que lui donne son beau-père. . . . . Crésus fait alliance avec les Lacédémoniens. *Herodot.* 1, 49, 70. . . . . Pisistrate traite sa femme d'une manière outrageante : elle se plaint à sa mère : Mégaclès, indigné de l'insulte faite	554	56. 3	200

	Années av. J.-C.	Olympiad. de Corœb	Ann. de Rome.
à sa fille, chasse Pisistrate pour la seconde fois. *Herod.* 1, 61. Fondation de la ville de Barcé en Libye. *Idem.* 4, 140.	553	56. 4	201
Mort de Pittacus. Si ce sage de la Grèce est né, comme le dit Suidas, l'an 552, et s'il a vécu cent ans, comme le prétend Lucien, *de Macrobiis*, 18, il doit être mort l'an (mais voyez *supr.* an. 580.).	552	57. 1	202
Naissance de Nitétis, fille d'Apriès, roi d'Égypte, pendant la prison de son père.	551	57. 2	203
Apriès est étranglé environ vingt ans après avoir été fait prisonnier par Amasis. *Herod.* 2, 169. Naissance de Darius. *Idem.* 1, 209.	550	57. 3	204
Naissance de l'historien Hécathée de Milet. (*Voyez infr.* ann. 504.).	549	57. 4	205
Incendie du temple des Delphiens. *Paus.* 10, 5; *Herodot.* 1, 50; 2, 180.	548	58. 1	206
Les Lacédémoniens recommencent la guerre contre les Tégéates, et, après plusieurs			

	Années av. J.-C.	Olympiad. de Corœb.	Ann. de Rome.
avantages ils prennent la ville de Tégée. *H.* 1, 68. . . .	546	58.3	208
Guerre entre les Spartiates et les Argiens, au sujet des campagnes de Thyrée, au printemps. *H.* 1, 82.	545	58.3	209
Combat dans la Ptérie entre Cyrus et Crésus au commencement de l'été. *H.* 1, 76, 1 *sq.* Combat près de Sardes entre Cyrus et Crésus; prise de la ville de Sardes; Crésus détrôné vers le mois de septembre. . Le philosophe Anaximènes, disciple d'Anaximandre, fleurit vers l'an.	545	58.4	209
Combat particulier entre trois cents Argiens et trois cents Lacédémoniens au sujet de Thyrée, suivi d'un combat général, où les Lacédémoniens remportent la victoire. *H.* 1, 82. . . . . Arcésilas II, roi de Cyrène, est empoisonné. *Plutarch. de virtutib. Mulier. pag.* 260. Battus III, surnommé le Boiteux, lui succède. *H.* 4, 161. . . Les Neures vont demeurer	544	59.1	210

	Années av. J.-C.	Olympiad. de Coræb.	Ann. de Rome.
dans le pays des Budins. *Idem*, 4, 105.	544	59. 1	210
Conseil de Thalès aux Ioniens. *H.* 1, 171. Il meurt cette même année âgé de 90 ans, selon Sosicrates. *Diog. Laert.* 1, 37. (Voyez les années 639 et 633.).	543	59. 2	211
L'épouse d'Anaxandrides, roi de Lacédémone, étant stérile, les éphores obligent ce prince à épouser une autre femme, en lui permettant de conserver la première. *H.* 5, 39, 40. . . Pisistrate rétabli à Athènes pour la troisième fois. (Voyez l'an 553). *H.* 1, 61. . . .	542	59. 3	212
Prise de Phocæé par Harpage, l'un des généraux de Cyrus. *H.* 1, 164. . . . . . . Abdères fondée par les Téiens. Elle l'avait été auparavant par Timésias de Claromène. *H.* 1, 168. (Voyez les années 655 et 645.). . . . . . . La seconde femme d'Anaxandrides accouche de Cléomènes. *H.* 5, 41.	541	59. 4	213
Cimon, fils de Stésagoras,			

	Années av. J.-C.	Olympiad. de Corœb.	Ann. de Rome.
remporte aux jeux olympiques le prix de la course du char à quatre chevaux et fait proclamer vainqueur Miltiades son frère utérin. (Voyez les années 536, 533, 527.). *H.* 6, 103. Xénophanes de Colophon, chef de la secte Éléatique, fleurit. *Diog. Laert.* 9, 20. La première femme d'Anaxandrides, qui avait été stérile, accouche de Doriée. *H.* 5, 41. Conseil de Bias aux Ioniens. *Herod.* 1, 171.	540	60. 1	214
La première femme d'Anaxandrides accouche de Léonidas, qui fut tué à la bataille des Thermopyles. *H.* 5, 41. Alcmæon de Crotone, Timée de Locres, disciples de Pythagore.	539	60. 2	215
La première femme d'Anaxandrides accouche de Cléombrote, père de Pausanias, qui commanda les Grecs à la bataille de Platée. *H.* 5, 41. *Cyrus prend Babylone.* Cyrus, formé de bonne heure à	538	60. 3	216

	Années av J.-C.	Olympiad. de Corœb.	Ann. de Rome.
	538	60. 3	216

l'art de la guerre, avait, ainsi que je l'ai dit précédemment, commandé l'armée des Mèdes du vivant même d'Astyage. Après plusieurs conquêtes, et particulièrement celle du royaume de Lydie où régnait Crésus, et qu'il rendit tributaire, il mit le siége devant Babylone et la prit. . . . .

En 536, ayant succédé à son aïeul, il fonda l'empire appelé des Perses, parce qu'il était de cette nation : c'était, comme on voit, l'empire des Mèdes, sous un autre nom. . . . . .

Le premier usage qu'il fit de sa puissance suprême, fut de renvoyer les Juifs dans leur pays, en leur donnant les moyens de remettre Jérusalem et le temple dans l'état où ils étaient avant la captivité. Ils retrouvèrent le livre de leur loi, et rapportèrent avec eux l'écriture des Babyloniens, préférable à leur ancienne écriture.

Les Juifs ont conservé jusqu'à ce jour un respect religieux pour

	Années av. J.-C.	Olympiad. de Corœb.	Ann. de Rome.
cette heureuse délivrance. *Pa-ralipom.* 36, *v.* 22 *et* 23. *Esdras,* 1 *et* 2. (M.) (Voy. l'an 607.).	538	60. 3	216
Les Phocæens battent les Carthaginois et les Tyrrhéniens. Ils remportèrent une victoire *cadméenne*, c'est-à-dire funeste au vainqueur, mot proverbial qui rappelle la victoire d'Étéocle et de Polynice. *H.* 1, 166. — Représentation de l'Alceste de Thespis. *Marm. Oxonien., Epoch.* 44. — Cimon, fils de Stésagoras et père de Stésagoras, qui succéda à son oncle Miltiades dans la principauté de la Chersonèse, remporte à l'Olympie le prix de la course du char à quatre chevaux et fait proclamer Pisistrate en sa place. *Herod.* 6, 103. — Naissance de Thémistocles. (Voyez l'an 471.).	536	61. 1	218
Hyèle dans l'OEnotrie, fondée par les Phocæens. *H.* 1, 167. — Agrandissement de Marseille. (Voyez l'an 600.). — Les fondemens du temple de Jérusalem sont jetés.	535	61. 2	219

	Années av. J.-C.	Olympiad. de Corœb.	Ann. de Rome.
Les Juifs recoivent défense de continuer la construction du temple de Jérusalem. *Esdras*, 3, 2, 31.	534	61. 3	220
Cimon remporte une troisième fois le prix aux jeux olympiques. Il s'était alors expatrié par crainte de Pisistrate avec qui il se réconcilia. *H.* 6, 103, 1. (Voy. l'ann. 528.). .	533	62. 1	221
Polycrates, aidé seulement de quinze soldats, s'empare de la tyrannie de Samos. *H.* 3, 120.	532	62. 2	222
Stésagoras, fils de Cimon, succède à son oncle Miltiades dans la principauté de la Chersonèse. (Voyez l'an 536.) *H.* 6, 38.	531	62. 2	223
Cyrus périt dans une bataille contre les Massagètes. *H.* 1, 224. . . . . Anacréon vient à la cour de Polycrates. *Idem.* 3, 121. .	530	62. 3	224
Cambyses, roi de Perse, et fils de Cyrus monte sur le trône. *H.* 2, 1. . . . . Il confirme la défense qu'avait faite Cyrus aux Juifs de	529	62. 4	225

	Années av. J.-C.	Olympiad. de Corœb.	Ann. de Rome.
continuer la construction du temple de Jérusalem. Ce prince est nommé Assuérus dans *Esdras*, 1, 4, 6. . . . . . . Arcésilas III, roi de Cyrène. *H.* 4, 162.	529	62. 4	225
Nitétis, fille d'Apriès, roi d'Égypte, est envoyée à Cambyses. (Voyez l'an 551.). . . Mort de Pisistrate : Hipparque, son fils aîné, lui succède : il gouverne 14 ans. *H.* 5, 55. *Plato in Hipparcho, tom.* 2, *pag.* 228.	528	63. 1	226
Evelthon, roi de Salamine en Cypre. *H.* 4, 162. . . . Cimon est assassiné par ordre des enfans de Pisistrate. *H.* 6, 103.	527	63. 2	227
Amasis meurt : Psamménite lui succède et ne règne que six mois. *H.* 3, 10.	526	63. 3	228
Conquête de l'Égypte par Cambyses, roi de Perse. *H.* 3, 10. . . . . Cambyses, fils de Cyrus et son successeur au trône de Perse, n'avait aucune des grandes qualités de son père. Mais, s'aveu-	525	63. 3	229

BIBLIOTHÈQUE ROYALE

	Années av. J.-C.	Olympiad. de Corœb.	Ann. de Rome
glant sur ce désavantage , il crut qu'il marcherait sur ses traces, en suivant ses projets. Cyrus, avant de mourir, avait formé le dessein de soumettre l'Égypte. Cambyses s'y porta avec une armée considérable, y vainquit le roi Psammenit qu'il retint six mois dans les fers. Mais, dans toute sa conduite, il se déshonora comme souverain et comme général, perdit son armée qui fut engloutie dans les sables, et mourut à son retour d'une blessure à la cuisse.	525	63.5	229

Depuis cette conquête des Perses , quoique l'Égypte ne leur ait pas été fort soumise , ils ne laissèrent pas de la regarder comme une province de leur empire. C'est ce qui détermina Alexandre à s'y porter avec ses troupes, lorsqu'il voulut conquérir tous les états de Darius Codoman , ainsi que nous le verrons dans le 4ᵉ. siècle.

Les Spartiates envoient des troupes contre Polycrates ,

	Années av. J.-C.	Olympiad. de Corœb.	Ann. de Rome.
tyran de Samos. *Herodot.* 3, 39. . . . . Naissance d'Æschyle, célèbre poëte tragique. *Marm. Oxon. Epoch.* 49.	525	63.4	229
Miltiades, fils de Cimon, frère de Stésagoras et neveu de Miltiades, fils de Cypsélus, fondateur de la Chersonèse, cent soixantième archonte annuel. *Dionys. Halic. Antiq. Roman.* 7, 2.	524	63.4	229
Fondation de Cydonie dans l'île de Crète par des Samiens exilés par Polycrates. *H.* 3, 44, et 59.	524	64.1	230
Mort de Polycrates, tyran de Samos. *H.* 3, 125.	523	64.2	231
Mort de Cambyses après un règne de sept ans cinq mois. *H.* 3, 66 et 67.	522	64.2	232
Hipparque, tyran d'Athènes, fait venir à sa cour Anacréon, qui était alors à Samos. *Plato in Hipparcho, tom.* 2, *p.* 228. Le mage Smerdis règne sept mois. (H. 3, 67.) Il confirme la défense de rebâtir le temple de Jérusalem. *Esdras,* 1, 4,	522	64.3	232

	Années av. J.-C.	Olympiad. de Corœb.	Ann. de Rome.
17. Ce prince est nommé Artaxerxès.	522	64. 3	232
Le mage Smerdis est mis à mort : Darius, âgé d'environ 29 ans, élu roi de Perse, règne 36 ans. . . . . Siromus, fils d'Évelthon, roi de Salamine en Cypre. *H.* 5, 104.	521	64. 3	233
Démarate, fils d'Ariston, roi de Lacédémone de la seconde maison, contemporain d'Anaxandrides et de Cléomènes, règne 28 ans. . . . . . Xénophanes de Colophon meurt. (Voyez l'an 619.). . Édit de Darius, qui permet aux Juifs de rebâtir le temple de Jérusalem. *Aggæus*, 1, 1. *Esdras*, 3, 2, 51.	520	65. 1	234
Les Platéens se mettent sous la protection des Athéniens, 93 ans avant la destruction de leur ville par les Lacédémoniens. *H.* 6, 108; *Thuc.* 3, 68.	519	65. 1	235
Les exilés de Samos établis à Cydonie en Crète, sont vaincus sur mer par les Éginètes et réduits en esclavage. *H.* 3, 59.	518	65. 3	236

	Années av. J.-C.	Olympiad. de Corœb.	Ann. de Rome.
Arcésilas III, roi de Cyrène, est tué : Battus IV, surnommé le beau, règne en sa place. . Miltiades, fils de Cimon et frère de Stésagoras, se retire dans la Chersonèse. (Voyez Larch. *H.* 6, 46; *t.* 4, *p.* 404). Les Barcéens sont assiégés par les Perses à la prière de Phérétime, veuve de Battus III, et mère d'Arcésilas III : ayant été faits prisonniers, ils sont transportés dans la Bactriane. *H.* 4, 203 et 204.	518	65. 3	236
Naissance de Pindare, au mois munychion (avril). *Suid.*, *Plutarch. Symposiac. lib.* 8, *Quæstio* 1. *Corsini Fast. Attic. tom.* 2, *pag.* 64.	517	65. 3	237
Babylone se révolte contre Darius. . . . . Le temple de Jérusalem est achevé la sixième année du règne de Darius. *Esdras*, 1, 6, 15; 3 7, 5.	516	66. 1	238
Cléomènes, fils d'Anaxandrides, roi de Lacédémone, de la première maison, règne 26 ans.	515	66. 2	239

	Années av. J.-C.	Olympiad. de Corinb.	Ann. de Rome.
Doriée, son frère, conduit une colonie en Libye. *H.* 5, 42. Chersis, fils de Siromus, roi de Salamine en Cypre. . . . Stésagoras, prince de la Chersonèse, est tué par un habitant de Lampsaque : son frère Miltiades est envoyé par les Pisistratides pour gouverner ce pays. *H.* 6, 39. (Voyez l'an 531.).	515	66. 2	239
Cléomènes fait la guerre aux Argiens, remporte sur eux une victoire complète et fait passer au fil de l'épée ceux d'entre eux qui s'étaient réfugiés dans le bois consacré à Argos, fils de Niobé. *H.* 6, 75; *Paus.* 3, 4, *pag.* 211. . . . . . . Hipparque, fils de Pisistrate, est tué par Harmodius et Aristogiton : Hippias lui succède. *H.* 5, 55; 6, 123.	514	66. 3	240
Prise de Babylone par Darius. (Voyez l'an 516.).	513	66. 4	241
Syloson obtient de Darius la tyrannie de Samos. *H.* 3, 140, 141, 149.	512	67. 1	242

	Années av. J.-C.	Olympiad. de Corinb.	Ann. de Rome.
Phrynichus remporte le prix de la tragédie. *Suid.* . . . . On commence à frapper des monnaies d'argent à Athènes. *Aristot. OEconomic.* 2, *pag.* 502, *C.* . . . . Les Amphictyons font marché avec les Alcmæonides pour rebâtir le temple des Delphiens à 3oo talens (1,620,000 liv.). *Herod.* 2, 180, 1; 5, 62. Spintharus en fut l'architecte. *Paus.* 10, 5, *pag.* 811.	5i2	67. 1	242
Otanes soumet les habitans de Lemnos et d'Imbros. *H.* 5, 26.	5i1	67. 2	243
Hippias est chassé d'Athènes quatre ans après le massacre d'Hipparque par Harmodius et Aristogiton. (H, 5, 55 et 6, 109, 123; Thuc. 6, 59, 3.) Cléomènes, roi de Lacédémone, contribue à son expulsion.	5io	67. 2	244
Conjuration de Cylon de Crotone contre les Pythagoriciens. *Jamblich. in vitâ Pythagoræ,* 35. *Porphyr in vitâ Pythagoræ, pag.* 49. *Diodor. Sicul.*			

	Années av. J.-C.	Olympiad. de Coroeb.	Ann. de Rome
in Excerptis Vales. pag. 247.	510	67. 2	244
Mort de Pythagore, âgé de 98 ans. (Voyez l'an 608.). Miltiades, fils de Cimon, passe de la Chersonèse à Lemnos et en chasse les Pélasges, qui en étaient en possession depuis 752 ans. (Voy. l'an 1162. *H.* 6, 189.).	510	67. 3	244
Clisthènes', cent soixante-quinzième archonte annuel. *Corsini Fast. Attic. tom.* 3, *pag.* 126. voy. *infr.*	509	67.3	244
Les Athéniens élèvent des statues à Harmodius et à Aristogiton. *Plin. Hist. Nat.* 34, 4. Les Athéniens se partagent en deux factions, celle de Clisthènes et celle d'Isagoras : Isagoras ayant eu du dessous, a recours à Cléomènes, roi de Lacédémone. Clisthènes établit à Athènes dix tribus, au lieu des quatre qui existaient auparavant. La royauté abolie à Rome.	509	67.4	245
Pendant que les Athéniens chassaient un usurpateur, les Romains expulsaient leur roi			

	Années av. J.-C.	Olympiad. de Coræb.	Ann. de Rome.
Tarquin. L'abus du rang suprême leur parut porté à son comble, lorsque l'un des fils de ce prince se fut permis les dernières violences contre une dame romaine, nommée Lucrèce.	5o8	67.4	245

Tarquin. L'abus du rang suprême leur parut porté à son comble, lorsque l'un des fils de ce prince se fut permis les dernières violences contre une dame romaine, nommée Lucrèce. La nation indignée se souleva, poursuivit le roi fugitif sur les terres d'un prince voisin, chez lequel il s'était retiré; et, par les efforts d'un grand courage, recouvra son indépendance. On substitua aux rois qui avaient jusqu'alors gouverné, pendant toute leur vie, des magistrats, appelés *consuls*, qui ne restaient en place qu'un an. Cet événement eut lieu l'an de Rome 244. . . . . .

Comme l'histoire romaine entre pour beaucoup dans l'étude de l'histoire ancienne, je vais dès ce moment placer ici les noms des rois de Rome avant les consuls, afin qu'on les retrouve aisément au besoin.

Ans de Rome.

Romulus. 1
Numa Pompilius (Sabin). 39

	Années av. J. C.	Olympiad. de Corœb.	Ann. de Rome.

Tullus Hostilius. . . . 82
Ancus Marcius. . . . 114
Tarquin l'ancien. . . 136
Servius Tullius. . . . 176
Tarquin le superbe. . . 220, chassé en 244.
(M.)

Isagoras, fils de Tisandre, cent soixante-seizième archonte annuel. *Marmora Oxoniens. Epoch.* 47. . . . . } 508 | 67.4 | 245

Euryléon, associé de Doriée, s'empare de Minos en Sicile et lui donne le nom d'Héraclée. *H.* 5, 46; *Diodor. Sicul.* 4, 23, *pag.* 269. . . . . . .

Cléomènes vient à Athènes avec des troupes, s'empare de l'Acropole, et chasse Clisthènes avec les Alcmæonides; mais, ayant voulu casser le sénat, tout le pays prend les armes, le force d'évacuer la place et le chasse de l'Attique. . . . . } 508 | 68. 1 | 246

Euryléon, compagnon de Doriée, périt dans un combat contre les Carthaginois. . .

Séjour de Darius à Sardes : (H. 3, 126.) son expédition contre les Scythes. *H.* 4, 1 *sq.*

Naissance de Panyasis, poëte,

	Années av J.-C.	Olympiad. de Corœb.	Ann. de Rome.

célèbre et oncle d'Hérodote. (Voyez le commencement de la vie d'Hérodote, par Larcher. — **5o8** — **68. 1** — **246**

Cléomènes rentre dans l'Attique avec des forces considérables pour rétablir Hippias : abandonné par les Corinthiens, et par Démarate, son collègue, il se retire. *H.* 5, 75. . . .

Invasion de la Chersonèse par les Scythes. *H.* 6, 4o. . .

Retour de Miltiades dans la Chersonèse. *H.* 6, 34, 56. .

La ville de Sybaris est détruite 63 ans avant son rétablissement par les Athéniens. (Diodore Sicul. 12, 10.). Comme elle fut rétablie l'an 444, il faut placer cette destruction en cette année et ne point écouter le même Diodore, qui met son rétablissement sous l'archontat de Callimaque deux ans plus tôt, et par conséquent sa destruction en 5o9. (Voyez l'an 444.). . . . . . . — **5o7** — **68. 2** — **247**

Les Athéniens battent les Béotiens, envahissent l'Eubée, vainquent les Chalcidiens et

	Années av. J.-C.	Olympiad. de Coroeb.	Ann. de Rome.
s'emparent de l'île. *H.* 5, 77.	5o6	68. 3	248
Cléandre, fils de Pantarès, règne 7 ans à Géla. Son frère Hippocrate lui succède. *H.* 7, 154, 1.	5o4	68. 4	249
Commencement des troubles de l'Ionie. *H.* 5, 100 *sq.* . . . Hécatée de Milet, historien célèbre, fleurit. (*Voy.* les ann. 1082, et 549. *H.* 5, 37. . . . Héraclide d'Éphèse fleurit. *Diogen. Laert.* 9, 1. . . . . Voyage d'Aristagoras, tyran de Milet, à Lacédémone : sa carte du monde sur une planche de cuivre. (H. 5, 49. *Voy. ib.* note de Larch.) *Voy.* l'index de ma Géographie d'Hérodote, tom. 1. . . . . Parmenides d'Hyèle, nommée depuis Élée, fleurit. *Diog. Laert.* 9, 21; *Strab.* 6, *sub initium.*	5o4	69. 1	250
L'Ionie se soulève contre Darius : incendie de Sardes. *H.* 5, 101. . . . . Eualcis, commandant des Érétriens, est tué dans une action. *H.* 5, 52.	5o3	69. 2	251

	Années av. J.-C.	Olympiad. de Coræb.	Ann. de Rome.
Gorgus, fils de Chersis, roi de Salamine en Cypre. (H. 5, 104) Les Salaminiens, d'abord révoltés, se rendent enfin à leur ancien roi Gorgus. *H.* 5, 115. Les Cypriens se révoltent contre les Perses. *H.* 5, 115.	502	69. 2	251
Les Cypriens sont remis sous le joug par les Perses. *H.* 5, 116, 1.	501	69. 4	252

5ᵉ. SIÈCLE.

Naissance du philosophe Anaxagoras. Ce philosophe fut surnommé *Nous*, l'Intelligence, parce qu'il enseigna que c'était elle qui avait débrouillé le chaos et donné la forme à la matière. *Diogen. Laert.* 2, 7. Diogènes d'Apollonie, philosophe et orateur, contemporain d'Anaxagoras. *Diogen. Laert.* 9, 57. . . . . . Æschyle, âgé de 25 ans, concourt pour le prix de la tragédie avec Pratinas et Chœrilus. Il y a grande apparence	500	70. 1	254

	Années av. J.-C.	Olympiad. de Corœb.	Ann. de Rome.
qu'il ne lui fut pas adjugé. (Voy. l'an 485. *Suidas.*). . . . . . Course du char, traîné par deux mules, introduite aux jeux olympiques. Thersias de Thessalie y remporte la victoire. *Paus. 5, 9, pag.* 396. . . .	5oo	7o. 1	254
Camarine détruite par les Syracusains. *Thuc.* 6, 5. . .	499	7o. 2	255
Cléandre, tyran de Géla, est tué par Sabyllus : Hippocrates règne en sa place, sept ans. *H.* 7, 154, 155. . . . . . . Prise de Milet par les Perses. *Herodot.* 6, 18. . . . . . Aristagoras, qui avait fait révolter l'Ionie, est tué par les Thraces devant la ville des Neuf-Voies qu'il assiégeait. *Thuc.* 4, 102. . . . . . Naissance de Sophocles. *Marm. Oxon. Epoch.* 57. (Voyez l'an 495.).	498	7o. 3	256
Représentation de la pièce de Phrynichus, intitulée la Prise de Milet. *Herod.* 6, 21. . . Les Samiens s'emparent de Zancle en Sicile, depuis appelée Messine. *Herodot.* 6, 23. .	497	7o. 4	257

	Années av. J.-C.	Olympiad. de Corœb.	Ann. de Rome.
Scythès , tyran de Zancle, est fait prisonnier par Hippocrates, qui le relègue à Inycum. *Herodot.* 6, 23, 4. . . . . . Camarine rétablie par Hippocrates. *Thuc.* 6, 5. . . . Prise des îles de Chios, Ténédos, etc., par les Perses : Métiochus, fils aîné de Miltiades, est pris avec son vaisseau par les Phéniciens : Miltiades se sauve à Imbros avec quatre autres vaisseaux : pacification de l'Ionie. *Herod.* 6, 41 et 42. Fondation de Mésembria. *H.* 6, 33.	497	70. 4	257
Hipparchus, cent quatre-vingt-huitième archonte annuel. *Dionys. Halic. Antiq. Rom.* 6, *initio.*	496	70. 4	257
Course du Calpé introduite aux jeux olympiques : Patœcus, de Dyme en Achaïe, remporte le prix. *Pausan.* 5, 9, *p.* 396. Préparatifs de la guerre de Darius, fils d'Hystaspe, contre la Grèce. Ici, c'est-à-dire aux guerres médiques, Dodwel et	496	71. 1	258

	Années av. J.-C.	Olympiad. de Corœb.	Ann. de Rome.
autres critiques (1) placent le commencement de l'histoire suivie de la Grèce. Aussi depuis cette époque, nous donnons plus d'étendue aux points les plus importans de l'histoire... Scythès, *monarque de Zancle*, ville hellénique de Sicile, vaincu par le *tyran de Géla*, et jeté dans les prisons d'Inycum (H. 6, 23, *sq.*), s'enfuit d'Inycum à Himère; de là, passe en Asie, et se rend à la cour de Darius qui le juge le plus honnête homme de tous ceux qui de l'*Hellade* étaient venus à sa cour. . . . . Au premier coup d'œil, on pourrait s'étonner qu'un monarque de Sicile soit appelé *Hellen* (2). La surprise cessera	496	71. 1	258

----

(1) Voyez 1º. mon *Xénoph.* 5, *b*, pag. 6, lign. 2 et 3; 2º. Levesque, *Études de l'histoire*, tom. 2, pag. 204.

(2) *Hellen*, mot souvent mal rendu par *Grec*, terme équivoque et trop restreint : car comme on le voit ici, et *pass.* on appelait *Hellènes*, même ceux de la Sicile qui étaient colonie grecque. Par la même raison on le donnait pareillement à des peuples du littoral de la Thrace, etc., etc.

	Années av. J.-C.	Olympiad. de Corœb.	Ann. de Rome.
en apprenant de Thucydide (6, 4.), que Zancle était colonie grecque. (Voyez mon Atlas, carte de la Sicile.). . . . . Naissance de l'historien Hellanicus de Mytilène. Il avait 65 ans au commencement de la guerre du Péloponnèse. *Aulus Gell.* 15, 23.	496	71. 1	258
Mort de Théognis. (Voyez l'an. 583.).	495	71. 1	258
Mardonius, général persan, se met en route au printemps, avec de formidables troupes (H. 6, 43.) pour faire la guerre aux Érétriens et aux Athéniens. *Herod.* 5, 99.	495	71. 1	259
Une partie de la flotte de Mardonius périt dans une tempête, au périple de l'Athos (H. 6, 44, 1.) : quant à son armée de terre, elle fut vaincue en Macédoine par des Thraces Briges, double échec qui décida son retour en Asie. *Herod.* 6, 45. Naissance de Sophocles. *Auctor vitæ Soph.* . . . . Anaxilas, tyran de Rhégium, s'empare de Zancle et y règne	495	71. 2	259

	Années av. J.-C.	Olympiad. de Corœb.	Ann. de Rome.
18 ans. Ce prince avait eu part aux malheurs de Scythès (*supr.* 496), monarque de Zancle, et de ses sujets livrés à la discrétion des Samiens, leurs vainqueurs (H. 6, 23.). Peu de temps après, ce même Anaxilas, ayant enlevé Zancle aux Samiens, s'en était emparé. *Diodor. Sicul.* 12, 48. . . .	494	71.3	260
Les Thasiens abattent leurs murs par ordre de Darius. Leurs voisins les avaient accusés de tramer une défection (H. 6, 46). Les richesses qu'ils tiraient de leurs mines ; voilà leur crime. Enviés par leurs voisins, et punis de leurs richesses par le roi de Perse, ils trouvèrent ensuite d'autres adversaires chez les Hellènes eux-mêmes. Les Athéniens, en effet après un siége de 3 ans (Thuc. 1, 101) les contraiguirent, par accord, à quitter leurs mines et le commerce du continent et à raser leurs murs. (Voyez *infr.* ann. 470.).	493	71.4	261

Les hérauts de Darius vont

	Années av. J.-C.	Olympiad. de Corœb.	Ann. de Rome.
en son nom, demander en Grèce la terre et l'eau. . . Les Éginètes qui accèdent à cette demande, soupçonnés d'intelligence avec les Perses, sont accusés à Sparte par les Athéniens de trahir l'*Hellade*. (Voyez *supr.* l'an. 496.). . .	493	71.4	261
Cléomènes, roi de Lacédémone, passe dans l'île d'Égine pour saisir ceux des Éginètes qui étaient accusés de favoriser les Perses : les Éginètes lui résistent par le conseil de Démarate, l'autre roi de Lacédémone : Cléomènes, de retour à Sparte, fait chasser Démarate et mettre en sa place Léotychides : Léotychides, roi de Lacédémone, de la seconde maison. *H.* 6, 5o.	492	72.1	262
Cléomènes retourne avec Léotychides dans l'île d'Égine et se saisit des coupables. *H.* 6, 73. (Voyez l'an 492.). . Démarate se retire à la cour de Perse. *Idem.* 6, 70. . . Gélon s'empare de la ville de	491	72.2	263

	Années av. J.-C.	Olympiad. de Coroeb.	Ann. de Rome.
Géla. *Dion. Halic. Antiq. Rom.* 7, 1 ; *Herodot.* 7, 154, 155.	491	72. 2	263
Cléomènes, voyant ses intrigues contre Démarate découvertes, passe en Thrace, de là en Arcadie, et tâche d'armer les Arcadiens contre les Lacédémoniens. *Herodot.* 6, 74.			
La crainte des intrigues de Cléomènes le fait rappeler à Sparte. *Herod.* 6, 75.	490	72. 3	264
Les Perses pillent l'île de Naxos et soumettent les villes de Caryste et d'Érétrie. *H.* 6, 96, 99, 101.			
Bataille de Marathon livrée 10 ans avant celle de Salamine. (Voyez an. 480.).			
Darius, fils d'Hystape, avait été reconnu (H. 1, 209, *sq.*) en 521. Sa première guerre contre les Scythes d'Europe qu'il avait poursuivis jusqu'au de là des bouches de l'Ister n'avait pas été heureuse. Celle qu'il entreprit ensuite contre les Grecs ne le fut pas davantage. Il avait envoyé en Grèce une armée de cent mille hommes d'infanterie			

	Années av. J.-C.	Olympiad. de Coræb.	Ann. de Rome
	490	72. 3	264

et de dix mille chevaux commandés par Datis : nous indiquons ce nombre non d'après Hérodote qui se tait sur ce point, ou d'après Valère - Maxime et Justin qui l'exagèrent, mais d'après Corn. Népos. Elle arive dans l'Attique, aux plaines de Marathon. Les Athéniens, au nombre de dix mille citoyens fournis par les dix tribus d'Athènes, et secondés par mille Platéens, battirent complétement cette armée formidable, sous la conduite de leur général Miltiade. . . . .

M. Mentelle ne donne que dix mille hommes aux Athéniens; et de plus omet le nom des Platéens. J'ai réparé cette omission que l'on jugera grave, puisque la conduite des Platéens dans cette circonstance leur mérita les plus honorables distinctions. Depuis cette bataille en effet, dans les assemblées solennelles qui avaient lieu tous les 5 ans, sous le nom de *panégyries* , le héraut sacré

	Années av. J.-C.	Olympiad. de Corœb.	Ann. de Rome.
comprenait les Platéens dans ses vœux pour la prospérité d'Athènes. *H.* 6, 3, *sq.* (Voy. 1°. Mém. de l'Acad. des B.-L., tom. 18, *hist.* pag. 149, *sq.* 2°. mon atlas, carte et plan de la bataille de Marathon; 3°. ma Géographie d'Hérodote.).	490	72.3	264
Cléomènes se tue dans un accès de fureur : Léonidas, son frère, âgé de 50 ans, lui succède. *Herodot.* 6, 75. . . . . Miltiades n'ayant pas réussi au siége de Paros, est poursuivi en justice et meurt en prison. *Herod.* 6, 132, 136. . . . Darius, à la nouvelle de la défaite de ses armées à Marathon, se fortifie dans sa résolution de marcher contre la Grèce. *H.* 7, 1.	489	72.4	265
Zeuxidamus, fils de Léotychides, meurt de maladie. *H.* 6, 71.	488	73.1	266
Léotychides épouse en secondes noces Eurydamé et en a une fille nommée Lampito. *Idem, ibid.*	487	73.2	267
Miltiades, différent du pré-			

	Années av.J.-C.	Olympiad. de Corœb.	Ann. de Rome.
cédent, cent quatre-vingt-dix-huitième archonte annuel. *Corsini Fasti Attici*, 3, *p.* 155. .	486	73. 2	267
L'Égypte se révolte contre les Perses. Darius se décide à une double expédition et contre l'Égypte et contre la Grèce. *H.* 7, 1.	486	73. 3	268
Æschyle contemporain de Pindare (Voy. Dutheil), remporte pour la première fois le prix de la tragédie. *Marmora. Oxoniens. Epoch.* 51. . . .	485	73. 3	268
Naissance d'Euripides. *Ibid.* (Voyez l'an 442.). . . . . Mort de Darius. *Herodot.* 7, 4 et 5.	485	73. 4	269

Xerxès, roi de Perse. Ce prince avait succédé à Darius son père. Voulant comme lui porter la guerre en Grèce, il y envoya d'abord des hérauts, excepté à Athènes et à Sparte. Ils demandaient la terre et l'eau. Bientôt il se disposa à partir pour Abydos, mais une grande tempête . survenue, l'ayant contraint d'hiverner à

	Années av. J.-C.	Olympiad. de Corœb.	Ann. de Rome.

Sardes, il partit au printemps,
pour Abydos. *Herodot.* 7, 34,
37, 41. . . . .

D'Abydos à Sestos, trajet de
sept stades, deux ponts (et non
pas un seul, comme le disent
MM. Mentelle et L.) furent pra-
tiqués. Le passage était achevé,
lorsqu'une nouvelle tempête
brisa tout. . . . .

De nouveaux ponts plus soli-
des furent bientôt construits.
Les troupes de terre traversant
l'Hellespont sur ces deux ponts,   485   73. 4   269
parcoururent ensuite le littoral
de l'Épithrace et de la Macédoine, soutenues par la flotte
qui longeait les côtes. Enfin
l'armée traversa la Thessalie.
(Voy. *H.* 7, 37, *sq.* et consultez
pour l'intelligence de ce récit,
1°. ma carte de l'Hellespont ;
2°. le beau dessin de M. l'archi-
tecte Rondelet, sur ces deux
ponts ; 3°. ma géographie d'Hérodote, tome 2, *Itinér. de
Xerxès.*). . . . .

Naissance d'Hérodote. *Aul.*
Gell. 15, 23.   484   74. 1   270

	Années av. J.-C.	Olympiad. de Corœb.	Ann. de Rome.
Naissance de Charon de Lamp-saque, célèbre historien. *Suid.* *Tertullian. de Animâ*, 46. Gélon se rend maître de Syra-cuse. *Herodot.* 7, 156.	484	74. 1	270
Gélon détruit Camarine pour la seconde fois, et en transporte les habitans à Syracuse. *H.* 7, 156.	483	74. 2	271
Victoire remportée par les Phocéens sur les Thessaliens. *Herodot.* 8, 27 et 28 (1). Aristides, surnommé le Juste, banni du ban de l'ostracisme. *Plutarch. in Aristide*, p. 322. *Cornel. Nepos in Aristide*, 1.	482	74. 2	272
Démarate donne avis aux Lacédémoniens de l'armement de Xerxès. *Herodot.* 7, 239. Gélon prend la ville de Mé-gare en Sicile et la détruit.	482	74. 3	272
Éclipse de soleil le 19 avril. *Herodot.* 7, 37. (*Pingré, Chro-*			

(1) Les Phocéens vainqueurs leur tuent 4000 hommes ; et consacrent une moitié de leurs dépouilles dans *l'hiéron* d'Abes, et l'autre moitié dans *l'hiéron* des Delphiens. Sur ces *hiérons* avec *temples*, voyez l'index de mon Hérodote.

	Années av J.-C.	Olympiad. de Coreb	Ann. de Rome.
nologie des éclipses, *Mémoires de l'Académie des B.-L. tom.* 42; *Hist. pag.* 123.). . . .	481	74. 3	273
Anaxagoras, âgé de 20 ans, fréquente l'école d'Anaximènes. *Diog. Laert.* 2, 6 et 7. Si cela est vrai, ce dernier philosophe avait alors au moins 95 ans. (Voyez l'an 545.). . . . . Députation des Grecs à Gélon pour l'engager à les secourir vers le printemps. *Herod.* 7, 153, 157 et *sq.*	480	74. 4	274

Combat des Thermopyles, le
17 août de l'an 480. La Thessalie,
où se trouvait l'armée de Xerxès,
est séparée de la Béotie au sud
par une chaîne de montagnes,
que les anciens nommaient
l'OEta (H. 7, 176, 3) ou les
monts OEtéens (H. 7, 217, 1).
Elles ne laissent à l'est, entre
elles et la mer, qu'un étroit passage que la plupart des Hellènes
nommaient les *Thermopyles*,
c'est-à-dire les *Portes chaudes*,
parce qu'il y avait dans ce défilé
des bains chauds, *chytres* (c'est-
à-dire *chaudières*. H. 7, 176, 3),

	Années av. J.-C.	Olympiad. de Corœb.	Ann. de Rome.

et que les habitans nommaient *pyles* (1), c'est-à-dire, ouvertures, qui anciennement étaient sans murs (H. 7, 176, 4), et qu'ensuite, par crainte d'irruptions des Thessaliens (H. 7, 176, 5), les Phocéens fortifièrent d'un mur. . . . .

Hérodote ne se borne pas à cette distinction de *pyles* et *Thermopyles*. Il montre en outre (voy. ma carte des Thermopyles) trois autres points remarquables : 1°. le point de l'entrée en Grèce par la Trachinie, lequel n'a qu'un demi-plèthre de largeur (environ 8 toises); 2°. le point du défilé près d'Anthéla où il n'y a que la largeur d'un char ; 3°. le troisième point près d'Alpénus,

— 480 — 75. 1 — 274 —

---

(1) Ce mot que l'on traduit ordinairement *portes*, signifie chez les anciens, *vide*, *baie*, *ouverture*, *passage* sans construction quelconque. Ce que les anciens nommaient *pyles*, pouvait n'avoir pas de portes, θύραι; mais les portes (θύραι) ne peuvent exister sans pyles (*ouvertures* ou *baies*). (Voyez mon *Auct. Xenoph.* pag. 348.)

	Années av. J.-C.	Olympiad. de Corœb.	Ann. de Rome.
que notre historien déclare aussi étroit que le précédent : ces trois points que ma carte indique du nord au sud par *a*, *b*, *c*, n'ont pas de nom dans Hérodote (7, 176); mais Strabon leur en donne. (Voyez ma géographie d'Hérodote, tome 2.) (1).			
L'armée de Xerxès ne pouvait pénétrer en Béotie, et par conséquent dans le reste de la Grèce, qu'en traversant ce défilé. Léonidas, avec trois cents Spartiates, se chargea d'en défendre l'entrée, et s'y fit tuer lui et les 300 héros qui l'accompagnaient (H. 7, 224, 1, *sq.*), à la réserve du seul Aristodémus qui, *malade* (et non *fuyard* comme le disent MM. Mentelle	480	75. 1	274

(1) Voici la glose du passage de Strabon (9, pag. 655) : le petit espace que-parcourt celui qui, des côtes, veut de la Thessalie entrer dans la Locride, s'appelle Pyles (πύλας), *stena* (ςενὰ, *lieux étroits*) et Thermopyles. Notre carte des Thermopyles signale par trois points ce que Strabon appelle *stena*, lieux étroits.

	Années av. J.-C.	Olympiad. de Coroeb.	Ann. de Rome.

et L.), et par cette raison ren-
voyé du camp par Léonidas
(H. 7, 229, 1.) échappa au
massacre. Ainsi qu'Eurytus, il
était retenu au lit, au bourg
d'Alpenès, à cause d'un grand
mal d'yeux ; mais il n'en fut pas
moins déshonoré pour n'avoir
pas voulu mourir comme Eurytus, qui malgré son mal d'yeux,
à la nouvelle de l'approche des
Perses, demanda ses armes,
s'en revêtit et se fit conduire
par son hilote sur le champ de
bataille. L'estampe qui consacre
ce dévouement est une de celles
qui a mérité les honneurs de
l'exposition au Louvre. (Voyez
à la fin du volume.). . . . **480** — **75. 1** — **274**

Plistarque, encore en bas âge,
lui succède : il règne trois ans
et quelques mois : Pausanias,
fils de Cléombrote, est son tuteur. (Voyez l'an 538.). . .
Rappel d'Aristides, la troisième année de son exil. *Plu-*
tarch. in Aristide, pag. 323.
Cornel. Nepos, in Aristide, 1.
et ibi not. Bosii. . . . . . . **480** — **75. 1** — **274**

	Années av. J.-C	Olympiad. de Corœb.	Ann. de Rome.
Xerxès prend la ville d'Athènes, et enlève les statues d'Harmodius et d'Aristogiton. *Pausan.* 1, 8. (Et dix mois après la prise d'Athènes par Xerxès, prise de cette même ville par Mardonius. *Herodot.* 9, 3.). . . . . Bataille de Salamine, livrée dix ans après celle de Marathon (1) (Voy. an. 490); et la même année que celle des Thermopyles.	480	75. 1	274

Deux batailles venaient de se donner toutes deux le même jour (H. 8, 15). L'armée de terre avait fait des prodiges aux Thermopyles (H. 7, 176; 7, 224), et l'armée navale à l'Artemisium (H. 8, 16). Une troisième bataille se préparait.   .

La flotte Persane , après avoir mouillé d'abord dans la rade de Phalère (H. 8, 67), à vingt stades (2) d'Athènes (3),

---

(1) 20 Boëdromion , 30 septembre.

(2) Une petite lieue.(Voy. Barthé. Anach. tome 1 , p. 217.)

(3) Paus. 8, 10, pag. 619.

	Années av. J.-C.	Olympiad. de Corœb.	Ann. de Rome.

marcha ensuite sur Salamine (H. 8, 70) ordonnant qu'on bloquât les issues par où les Grecs auraient pu s'échapper (1). Thémistocle informé de la marche de Xerxès, et comprenant bien que la petite armée d'Athènes ne suffirait jamais à défendre la ville, conseillait aux Athéniens de l'abandonner, de s'embarquer, d'aller à Salamine, au-devant de l'ennemi. Son conseil fut suivi. On ne laissa dans la place que les vieillards et les enfans : les femmes furent envoyées à Égine. La petite flotte des Grecs ne comptait que 380 vaisseaux, tandis que celle des Perses en comprenait 1207. Cependant, s'étant rangés entre la côte et l'île de Salamine, les Grecs ne purent être entamés par les Perses : on se battit corps à corps, et la valeur l'ayant emporté sur le nombre, l'armée des Perses fut dispersée

480 | 75. 1 | 274

(1) Æsch. Pers. 366.

	Années av.J.-C.	Olympiad. de Corœb.	Ann. de Rome.
et mise en fuite : cette victoire eut lieu le 28 octobre. Bientôt, craignant de ne pas trouver, pour le retour de son armée de terre, le pont construit avec des vaisseaux, Xerxès rentra en Asie avec ses troupes. La gloire des Grecs fut portée à son comble. (Voy. 1°. l'atlas, notre ancienne *carte de Salamine*, et le nouveau plan de la bataille de Salamine; 2°. dans ma *géographie d'Hérodote*, le mémoire relatif à cette bataille.)	480	75. 1	274
Gélon et Théron défirent en Sicile Amilcar (H. 7, 166), le même jour que les Grecs battirent le roi de Perse à Salamine.			
Naissance d'Euripide. *Plutarch. Symp.* 8, 1 ; *Diog. Laert.* 2, 45. (Voyez l'an 442.). .			
Éclipse de soleil, le 2 octobre. *H.* 9, 10.			
Bataille de Platées gagnée par Pausanias, tuteur de Plistarque (H. 9, 59, *sq.* (Voyez année 427.) Plutarque, vivant près de 600 ans après l'Athénien Aris-			

	Années av. J.-C.	Olympiad. de Corœb.	Ann. de Rome.

tides, qui figura si honorable-
ment à la bataille de Platées,
parle d'une assemblée générale
hellénique (ἑλληνικὸν συνέδριον)
où l'on sacrifiait à *Jupiter Eleu-
therius*, en mémoire de la victoire de Platées. *Plutarch.
Arist. vit. pag.* 331, A et F.
Sur la bataille de Platée, et sur
le Perse Mardonius, fort mal
jugé selon nous, voyez *Phil.
tom.* 5, *pag.* 195-217 *et pag.*
220, *sq.*; et mon article *Mardonius*, dans la *biographie Mi-
chaud*. . . . .   **479** | **75. 2** | **275**

Victoire remportée par Léo-
tychides, à Mycale, en Ionie le
même jour que les barbares
furent battus à Platées. *Herod.*
9, 90, *sq.* . . . .

Confucius en Chine. Confucius est un des plus grands
hommes qui aient honoré
l'humanité par la sagesse de sa
morale. Son véritable nom était
Confutzé. Sa doctrine, en Chine,
est dans la plus grande vénération; c'est à peu près la seule
religion des gens instruits qui

	Années av. J.-C.	Olympiad. de Corœb.	Ann. de Rome.
n'admettent pas , comme le gros de la nation , le culte des idoles. (M.). . . . . . Camarine détruite par Gélon, et ses habitans transférés à Syracuses. *H.* 7, 156. (Voy. *infr.* l'an 478.). . . . . . Chrysis, prêtresse de Junon à Argos, 48 ans avant la guerre du Péloponnèse. *Thuc.* 2, 2, 1 ; *et son Schol.*	479	75. 2	275
Mort de Gélon, tyran de Syracuses : Hiéron, son frère, lui succède. *Diod.* 11, 38. . Les Athéniens, après la défaite des Perses à Platées rétablissent leurs murs (Thuc. 1, 89, *sq.*), et d'après le conseil de Thémistocle, s'occupent du port et du village de Pirée. Thuc. 1, 93, *sq.* et 128. (Voy. mes *recherches* sur le Pirée, dans ma géographie d'Hérodote, et la nouvelle carte du Pirée.) Les Lacédémoniens envoient Pausanias dans l'île de Cypre (Thuc. 1, 94 et Diod. 11, 44) et dans l'Hellespont (Diod. *ib.*) pour en chasser les garnisons	478	75. 3	276

	Années av. J.-C.	Olympiad. de Corœb.	Ann. de Rome.

perses. Rappelé à Sparte sur des soupçons, il est absous, quoique condamné à une amende. On ne le renvoie pas à son commandement de l'Hellespont. *Thuc.* 1, 128. (Voyez année 477.). . . . . **478** — 75.3 — 276

Phrynichus fait jouer une de ses pièces sur le théâtre d'Athènes le 12 élaphébolion, ou 17 mars. *Plutarch. in Themis.* pag. 114, *C.* . . . . . . **477** — 75.3 — 277

Pausanias, privé de son commandement de l'Hellespont (Thuc. 1, 128), retourne dans cette mer, sans l'aveu des Lacédémoniens, prenant en son nom la Trirème Hermionide. Bientôt il manifeste le projet de subjuguer la Grèce. De nouveau mandé à Lacédémone, il revient, se réfugie dans un hiéron (1, 134) : il est près de rendre le dernier soupir : on le tire de l'hiéron : il expire. Son tombeau fut placé dans les propylées de l'hiéron. *Thuc.* 134, 3 ; *et son schol.* . . . . . **477** — 75.4 — 277

Plistarque, fils de Léonidas

	Années av. J.-C.	Olympiad. de Corœb.	Ann. de Rome.
(H. 9, 10, 2), meurt vers le même temps. . . . . . Exil de Thémistocle. . . . Le commandement sur la Grèce transféré des Lacédémoniens aux Athéniens, par des causes que décrit Thucydide. 1, 94, 95. . . . . . . Les Athéniens élèvent de nouvelles statues à Harmodius et à Aristogiton. *Marm. Oxon. Epoch.* 55. . . . . . . Simonides, âgé de 8o ans, fait une pièce de vers qui remporte le prix. *Sopatri Commentar. in Hermogen. de Ideis, in Rhetoribus Aldinis, tom.* 2, *pag* 410.	477	75.4	277
Phædon, deux cent huitième archonte annuel. *Diodor. Sic.* 11, 48. . . . . Plistoanax, fils de Pausanias, petit-fils de Cléombrote et arrière-petit-fils d'Anaxandrides, succède à Plistarque : il règne 65 ans.	476	75.4	277

Les habitans de Catane sont chassés par Hiéron, qui y envoie une colonie, et donne à la ville

	Années av. J.-C.	Olympiad. de Coroeb.	Ann. de Rome.
le nom d'Ætna. *Diodor. Sicul.* 11, 48. . . . . Mort d'Anaxilas, tyran de Rhégium et de Zancle. *Diod. ibid.*	476	76. 1	278
Hiéron donne du secours aux habitans de Cumes, et bat les Tyrrhéniens. *Diod. ibid.* . .	474	76. 3	280
Les Tarentins vaincus par les Iapyges. *Diod. ibid.* . . . Mort d'Aristides, environ quatre ans après l'exil de Thémistocles. *Cornel. Nepos. in Aristide, sub finem.* . . .	473	76. 4	281
Charès, deux cent douzième archonte annuel. *Diod. Sicul.* 11, 53.	472	76. 4	281
Mort de Théron, tyran d'Agrigente : son fils Thrasydée, vaincu par Hiéron, se sauve à Mégares près de l'Attique : les habitans d'Agrigente recouvrent leur liberté. *Diodor. ibid..* . Callias, fils d'Hipponicus, surnommé Daduque, remporte aux jeux olympiques le prix du Pancrace (Paus. 5, 9, p. 396. Le père Corsini s'est trompé en le faisant fils de Phænippus.	472	77. 1	282

	Années av. J.-C.	Olympiad. de Corœb.	Ann. de Rome.
Praxiergus, deux cent treizième archonte annuel. *Diod. Sicul.* 11, 54.	471	77. 1	282
Thémistocles meurt à Magnésie, âgé de 65 ans. *Diodor. ibid.* 58; *Plutarch in Themistocle, pag.* 128, *A.*	471	77. 1	283
Naissance de Thucydides au printemps. *Aul. Gell.* 15, 23.			
Naissance d'Euripides, selon l'auteur anonyme de la vie de Sophocles. (Voyez les années 480, et 442.			
Les Éléens, qui étaient dispersés dans un assez grand nombre de villes, se réunissent dans celle d'Élis et l'agrandissent. *Diodor. Sicul.* 11, 54. .	471	77. 2	283
Cimon, fils de Miltiades, bat les Perses sur terre et sur mer. (*Diod.* 11, 60, 61; *Thuc.* 1, 100, 1) (Voyez dans Hérodot. 7, 107, le même Cimon, assiégeant Eione dont Bogès était gouverneur, et qu'il défendit en furieux plutôt qu'en héros, dit Larcher dans sa version.) .	470	77. 3	284
Sophocle fait représenter sa			

	Années av. J-C.	Olympiad. de Corœb.	Ann. de Rome.
première tragédie. *Marmora Oxoniens. Epoch.* 57. (Voyez *supr.* l'an 495.). . . . . . Naissance de Socrates. *Diog. Laert.* 2 , 44.	469	77. 3	284
Léotychidès marche en Thessalie pour punir les Aleuades : s'étant laissé corrompre, il est déposé : son petit-fils Archidamus II est mis en sa place : il règne 42 ans. *Herodot.* 6 , 72 ; *Pausan.* 3 , 7, *pag.* 221 ; *Plut. in Cimone, pag.* 488 , E. . .	469	77. 4	285
Archidamus II épouse Lampito, fille d'un second lit de son grand-père Léotychidès. . La ville de Mycenès détruite par les Argiens. *Diod Sicul.* 11 , 65.	468	78. 1	286
Æschyle meurt près de Géla en Sicile. *Corsini Fasti Attici,* tom. 3 , *pag.* 193. . . . . Guerre des Athéniens contre les Carystiens ; le reste de l'Eubée n'y prend aucune part. *Thuc.* 1 , 98. . . . . . Hermolycus tué à Cyrne dans l'île d'Eubée, dans un combat	467	78. 2	287

	Années av. J.-C.	Olympiad. de Corœb.	Ann. de Rome.
entre les Athéniens et les Carys-tiens. *Herod.* 9, 105. . . .			
Hiéron, tyran de Syracuses, meurt : Thrasybule lui succède et règne un peu plus d'un an. *Diodor. Sicul.* 11, 66 et 67.	467	78. 2	287
Lysanias, deux cent dix-hui-tième archonte annuel. *Diodor, ibid.* 67.	466	78. 2	287
Les Thasiens quittent le parti d'Athènes. Les Athéniens leur livrent un combat naval (Thuc. 1, 100), sont vainqueurs et font une descente sur terre. .	466	78. 3	288
Vers le même temps, ajoute Thuc. *ib.*, ce qui donne un synchronisme remarquable et omis par M. Larcher, les Athé-niens envoient sur le Strymon une colonie qui devait s'établir à Amphipolis, alors nommée les neuf voies. Ils prirent à la vérité Amphipolis, ville du lit-toral de la Thrace (qui s'ap-pelait Épithrace); mais s'étant avancés de l'*Épithrace* dans la Thrace continentale, ils furent taillés en pièce à Drabesque l'Édonique, ayant eu à com-			

	Années av. J.-C.	Olympiad. de Corœb.	Ann. de Rome.

battre contre les Thraces réunis, qui voyaient de mauvais œil la fondation d'une colonie athénienne aux Neuf Voies; et qui, d'ailleurs, s'irritaient de l'envahissement des mines des Thasiens par Athènes. (Thuc. 4, 102, cite trois tentatives d'Athènes pour conquérir Amphipolis.). . . . . **466** | **78. 3** | **288**

J'ai dit qu'Amphipolis, colonie grecque, était dans l'Épithrace, c'est-à-dire sur le littoral de la Thrace. Dire avec M. Larcher et autres savans, qu'Amphipolis était dans la Thrace, c'est tout à la fois commettre une erreur géographique, et prêter aux Athéniens des projets qu'ils n'avaient pas. Jamais ils ne songèrent à fonder des colonies dans la Thrace continentale. Le littoral de la Thrace devait seul éveiller l'ambition d'une nation puissante sur mer. Voy. dans ma géographie d'Hérodote, mon *mémoire* sur l'Épithrace. . . . . . **466** | **78. 3** | **288**

A l'occasion des Thasiens, il

	Années av. J.-C.	Olympiad. de Corœb.	Ann. de Rome.
ne peut être hors de propos, dans un recueil historique, de rappeler d'après Pline (1) que les Thasiens, les premiers, couvrirent les navires d'un pont, dans toute leur étendue, afin de mettre les rameurs à l'abri, et de pouvoir combattre de pied ferme; et que les Athéniens, en adoptant ces navires, les perfectionnèrent encore après la bataille de Salamine.	466	78. 3	288
Tremblement de terre dans la Laconie. Les Hilotes se révoltent. Troisième guerre de Messénie. Cette guerre, plus désastreuse que les précédentes, dura dix ans; les malheureux Messéniens furent ou expulsés du Péloponnèse ou réduits à une affreuse servitude, connus alors sous le nom d'*Hilotes*, nom dérivé de la ville d'*Hélos* et qui se donnait à tous les esclaves Lacédémoniens indistinctement. Une partie des			

______

(1) Voyez *Marine des Anciens*, de M. Rondelet, p. 25.

	Années av. J.-C	Olympiad. de Coræb.	Ann. de Rome.
Messéniens se retira à Naupacte (Thuc. 4, 41). Vous les verrez sous Épaminondas, rétablis dans la Messénie, plus heureux que les Carthaginois, qui vaincus non-seulement ne rentrent pas, mais de plus disparaissent, ne laissant nulle trace de leur existence, ni livres, ni monument quelconque (1). . . . Dans le nombre de ceux qui sortirent de la Grèce, les uns se retirèrent en Libye, où il en périt beaucoup; d'autres passèrent en Sicile, où s'étant emparés de la ville de Zancle, près du cap Pélore, il lui donnèrent le nom de *Messane*, actuellement changé en celui de *Messine*. *Thuc.* 1, 101, *et son Schol.; et Strab.* 8, pag. 561; *et Paus.* 4, p. 338.	465	78.4	289

(1) De savans et infatigables voyageurs Anglais ont vainement, en Afrique, cherché leurs traces : tout jusqu'à leurs ruines a disparu. On ne connaît le Carthaginois Hannon que par la traduction de ses œuvres. Voy. le *Pœnulus* de Plaute et les notes du traducteur Lunier; celle surtout qui est relative à *Bilingues*, c'est-à-dire parlant deux langues, celle des Tyriens et celle des Africains.

	Années av. J.-C.	Olympiad. de Corœb.	Ann. de Rome.
Dans tout le cours de son histoire, Thucydide, loin de nommer une seule fois la Messénie comme existante, la nomme au contraire comme n'existant plus (4, 3 et 41). Le nom de la Messénie ne doit donc pas paraître sur des cartes faites pour l'époque de la guerre du Péloponnèse. A la suite de trois guerres d'extermination, l'implacable Lacédémone n'avait certainement pas conservé à un pays subjugué, repeuplé de nouveaux habitans, son ancienne dénomination géographique et politique. (Voy. mes *Recherches sur le siége de Pylos,* dans ma géographie d'Hérodote, et Plutarch. Çimon. p. 488, E, et 489, A.).	465	78. 4	289
Thrasybule chassé de Syracuses au commencement de l'année : cette ville recouvre la liberté et la conserve 60 ans. *Diodor. Sicul.* 11, 67 et 68. .			
Artabane, capitaine des gardes de Xerxès, tue ce prince. .			
Artaxerxès, roi de Perse. .	464	78. 4	289

	Années av. J.-C.	Olympiad. de Corœb.	Ann. de Rome.
Arcésilas IV, roi de Cyrène. Zénon d'Élée, communément dite Hyèle en Lucanie, fleurit. *Diog. Laert.* 9, 29. . . . . Leucippe d'Élée, ou d'Abdères, ou de l'île de Mélos, disciple de Zénon, astronome et physicien. *Idem. ib.* 11, 71. .	464	79. 1	290
Les Égyptiens se révoltent contre les Perses, et déclarent Inaros leur roi : Amyrtée règne probablement avec lui : les Athéniens leur envoient du secours.	463	79. 2	291
Achæménès, fils de Darius, marche à la tête d'une armée formidable contre les Égyptiens. . Les secours des Athéniens arrivent en Égypte : les Perses sont battus, et s'enferment dans la citadelle de Memphis. (*Idem. ibid.*) Achæménès est tué dans le combat. *Herodot.* 3, 12. . Arcésilas IV, roi de Cyrène, remporte le prix de la course du char, en la Pythiade 31. *Pindar. Pythic.* 4 *et* 5. . .	462	79. 3	292
Mort d'Alexandre, roi de Macédoine : Perdiccas lui succède.	461	79. 4	293

	Années av. J.-C.	Olympiad. de Corœb.	Ann. de Rome.
Les Athéniens marchent au secours des Lacédémoniens sous le commandement de Cimon : la jalousie empêche les Lacédémoniens de recevoir ce secours : source de la mésintelligence entre ces deux nations : Cimon est banni du ban de l'ostracisme. *Diod.* 11 , 75. . . . . Les anciens habitans de Catane reviennent dans leur ville, et en chassent la colonie qu'y avait conduite Hiéron. *Diodor. Sicul.* 11 , 76. . . . . . . Athéniens en Égypte. Mégabyze assemble une armée considérable, et marche contre les Égyptiens : les Athéniens font le siége de la citadelle de Memphis. *Diodor.* 11 , 76; *Thuc.* 1 , 109.	461	79. 4	293
Naissance du célèbre médecin Hippocrates. *Soranus in Vitâ Hippocratis.* . . . . Voyage d'Hérodote en Égypte. . . . . Démocrite d'Abdères naît 40 ans après Anaxagoras. *Diog. Laert.* 9 , 41.	460	80. 1	294

	Années av. J.-C.	Olympiad. de Corœb.	Ann. de Rome:
Naissance de l'orateur Lysias. (Voy. l'an 444.).	459	80. 1	294
Les Athéniens battent les Corinthiens et les Épidauriens à Halies, ensuite les Péloponnésiens sur les côtes de Cécryphalie. Les Éginètes, habiles marins, et ne redoutant pas la prééminence maritime d'Athènes, livrent un combat, perdent 70 vaisseaux, et deviennent tributaires d'Athènes. (Diodor. 11, 78) L'ambition des Éginètes fut singulièrement utile à l'ambition d'Athènes. Thémistocle, à la faveur de ces combats maritimes, sut préparer des forces qui triompheraient un jour de l'Asie. Avant ce grand homme, les Athéniens étaient presque nuls sur mer, tandis que Corinthe avait une marine. *Thuc.* 1, 13. . . .	459	80. 2	295
Les Égyptiens se soumettent: les Athéniens traitent avec les Perses: Inagoras est trahi et mis en croix : Amyrtée se retire dans l'île d'Elbe, vers le milieu			

	Années av. J.-C.	Olympiad. de Corinb.	Ann. de Rome.
de juin. *Hérod.* 2, 140; *Thuc.* 1, 110; *Diodor.* 11, 77. . .	458	80. 2	296
Seconde guerre sacrée. Les Lacédémoniens la commencent, s'emparent de l'*Hiéron* des Delphiens, à qui ils le remettent. Mais après leur retraite, les Athéniens disputent l'*Hiéron* a ses anciens possesseurs; et le remettent aux Phocéens. (*Voy.* Thuc. 1, 112, 2; et *gouvern. feder.* de M. de Sainte-Croix, première édition pag. 286, *sq.*).	458	80. 2	296
Les Athéniens remportent deux victoires sur les Corinthiens. C'étaient les Mégariens, qui toujours en guerre avec Corinthe, au sujet des limites réciproques, avaient invoqué l'alliance et l'appui d'Athènes. (Diodor. 11, 79.) A présent encore, au civil comme dans les matières ecclésiastiques, la malheureuse Mégares est, en raison de sa position géographique, ce qu'elle était autrefois. (Voy. mes *obs. sur Thuc.* 1, 42; et *infr.* l'ann. 448, où			

	Années av. J.-C.	Olympiad. de Coræb.	Ann. de Rome.

l'on voit les Mégariens révoltés
contre Athènes et vaincus.). .

Les mêmes Athéniens, deux
fois vainqueurs, sont battus à
Tanagre par les Lacédémo-
niens qui se mesuraient contre
les Athéniens et les Argiens
réunis. (H. 9, 34; Thuc. 1,
108. Voyez *infr.* an. 457 et
448, les Athéniens vainqueurs
à Tanagre.). . . . . . .

458 80. 3 296

Lygdamis, tyran d'Halicarnasse, fait mourir Panyasis,
oncle d'Hérodote. (Voyez le
commencement de la vie d'Hérodote par Larcher, et l'an 5o8.)

Les Thébains, déconsidérés
dans la Béotie à cause de leur
alliance avec Xerxès, priaient
les Lacédémoniens que la prise
d'Ithome et leurs succès dans
l'expédition contre les Phocéens
rendaient plus libres, de les
aider à reconquérir la gloire
de leurs ancêtres, et à rendre
à Thèbes son ancienne jurisdic-
tion et sa prééminence dans
toute la Béotie. Ils s'engageaient
par reconnaissance à faire la

	Aunées av. J.-C.	Olympiad. de Corœb.	Ann. de Rome.
guerre aux Athéniens en leur propre nom, de manière que Sparte n'enverrait plus désormais aucune troupe de terre hors du Péloponnèse. Le ressentiment et la politique firent accepter la proposition. Sparte, persuadée que Thèbes devenue puissante donnerait aux Athéniens une rivale, employa l'armée qu'elle avait alors à Tanagre à étendre les dépendances de Thèbes et à soumettre à cette ville toutes les villes de la Béotie.	457	8o. 4	297

Les Athéniens, voulant s'opposer à cet agrandissement, levèrent une armée d'élite. Myronidès qui la commandait remporta à Tanagre, une victoire complète que Diodore égale à celles de Marathon et de Platée, et détruisit les espérances des Thébains qui ne figurèrent avec éclat qu'avec Épaminondas. Cette victoire, dit Thuc. 1, 108, 1, fut remportée par les Athéniens 62

	Années av. J.-C.	Olympiad. de Corœb.	Ann. de Rome.

jours après leur défaite à Tanagre. . . . . . .

Nous avons dû nous arrêter sur ce fait militaire que ne décrit aucun des historiens anciens ; et appeller l'attention sur Myronidès trop peu connu, comme nous le ferons dans la suite pour Ischolaüs, Sitalcès et autres. (Voy. Thuc. 1, 108, 1, qui ne dit qu'un mot de Myronidès ; Diod. 11, 81 ; mon Xen. tom. 5, B, pag. 160 ; et ma géogr. d'Hérodote, t. 2, pag. 76, *sq.*, et *supr.* l'ann. 458. . **457 | 80. 4 | 297**

Fin de la deuxième guerre sacrée. (Voyez *infr.* l'an 459, et de plus, *gouv. féd. de Sainte-Croix*, première éd., p. 290, et *ib.* p. 293, sur la troisième guerre sacrée. . . . . .

Hérodote retourne à Halicarnasse, et chasse Lygdamis, tyran de cette ville (Voy. *supr.* 458.). . . . .

Exploits de l'athénien Tolmidès, fils de Tolmœus. Les Athéniens, sous son commandement, infestent les côtes du

	Années av. J.-C.	Olympiad. de Cœœb	Ann. de Rome.
Péloponnèse, brûlent le chantier des Lacédémoniens, prennent Chalcis de l'Acarnanie, ville alors dépendante de Corinthe (1), puis, faisant une descente, battent les Sicyoniens. (Voy. *infr.* ann. 453.). . . Æschyle, célèbre poëte tragique, meurt en Sicile, âgé de 69 ans. *Marm. Oxon. Epoch.* 60.	456	81 . 1	298
Réduction de la ville d'Ithome, fin de la troisième guerre de Messénie. (Diod. 11, 64.) A cette époque M. Larcher juge terminée la troisième guerre de Messénie. Mais Diodore, d'après qui il indique la réduction de la ville d'Ithome et la fin de la troisième guerre de Messénie ne lui est pas favorable, puisqu'il déclare que cette troisième guerre dura dix ans, sans pouvoir se terminer. Thucydide eût mieux appuyé M. Larcher. Notre historien raconte (1 , 102 , 103)			

(1) Et non ville de Corinthe, comme le dit Est. de Byzance.

	Années av. J.-C.	Olympiad. de Corœb.	Ann. de Rome.
qu'après les 10 années de cette troisième guerre, les Messéniens réfugiés à Ithome ne pouvant résister, capitulèrent avec Lacédémone, sortirent du Péloponnèse et se retirèrent à Naupacte, qu'Athènes venait de prendre tout récemment aux Locriens-Oroles, fait que cite Pausanias, 4, pag. 339. . .	456	81. 1	298

Quelques années après, ils en furent expulsés : ce qui donne lieu à Strabon d'indiquer une quatrième guerre de Messénie qui daterait de la 94ᵉ. olympiade (Strab. fr. tom. 3, pag. 205, note de M. Goss.), et dont le résultat ne fut pas leur entière expulsion de la Grèce, comme le pense M. Coray (1), car ils rentrèrent dans leur patrie sous Épaminondas, 287 ans (2) après la prise d'Ira (H. t. 7, pag. 499) Pausanias (4,

(1) Pausanias qu'il cite raconte au contraire leur rentrée dans le Pélop. 4, pag. 346.

(2) 296 ans, selon Meursius et Paulmier.

	Années av. J.-C.	Olympiad. de Corœb.	Ann. de Rome.
pag. 546), Ælien (13, c. 42), Plutarque (Vie d'Ag. c. 40), célèbrent à l'envi leur retour. . Hérodote lit une partie de son histoire aux jeux olympiques. (Voy. mon Xén. tom. 5, B, p. 37, 38 et *infr.* l'estampe qui rappelle ce fait.). .	456	81. 1	298
Périclès ravage le Péloponnèse, pénètre dans l'Acarnanie, près des OEniades, et en met toutes les villes dans son parti. Athènes, cette année, dut à Périclès et gloire et conquêtes. *Diod.* 11, 85. . . . . Cratinus et Platon, poëtes de l'ancienne comédie, fleurissent.	455	81. 2	299
Le philosophe Archélaüs fleurit : Socrates fut son disciple. *Diogen. Laert.* 2, 16; *Ciceron. Tuscul. Disputat.* 5, 4. . . Trêve de cinq années, par l'entremise de Cimon, entre Athènes et Sparte. *Diod.* 11, 85. . . . . Les Romains envoient trois ambassadeurs à Athènes pour demander les lois de Solon. *Tit. Liv.* 3, 31.	454	81. 3	500

	Années av. J.-C.	Olympiad. de Corœb.	Ann. de Rome.
Sophanès et Léagrus, géné-raux Athéniens, sont tués à Datos dans une action contre les Édoniens. On s'y disputait la possession de mines d'or. (H. 9, 74). D'après un passage extrait de Strabon, Larcher avance que Datos appartenait aux Édoniens. Mais le texte ne le dit pas. Pausanias. 1, 29, p. 71, fait mention du même fait, et M. Clavier (*ib.*) pense d'a-près son texte grec que Sopha-nès et Léagrus s'étaient emparés de toute la Thrace lorsque les Édoniens les surprirent. Mais c'est commettre une double erreur grammaticale et géogra-phique. Voy. mon *Philologue*, t. 3, p. 330.	453	81. 4	301
Périclès fait une descente chez les Sicyoniens, ravage leurs campagnes, bat leurs troupes réunies, assiége ce qui avait échappé au carnage, lève le siége de la ville à qui arri-vait un renfort de troupes lacé-démoniennes; de là, fait voile vers l'Acarnanie, ravage tout			

	Années av. J.-C.	Olympiad. de Corœb.	Ann. de Rome.
le pays des OEniades, puis s'embarque et va dans la Chersonèse (de Thrace) dont il partage le territoire à mille citoyens, tandis que l'Athénien Tolmidès, synchronisme à remarquer, arrivé dans l'Eubée, ordonnait et effectuait le partage du territoire *de Naxos* (1) (Diod. 11, 88) entra mille autres citoyens d'Athènes. (Voyez *infr.* l'ann. 446.).	453	81. 4	301
Ion, de l'île de Chios, poëte tragique, fleurit.	452	82. 1	302
Ducétius, général des Sicules, tantôt vainqueur, tantôt vaincu, se jette entre les bras dés Syracusains, qui lui accordent la vie, mais le relèguent à Corinthe. *Diod.* 11, 91, 92. . .	451	82. 2	303
Thessalus rétablit Sybaris, de nouveau détruite par les Crotoniates. *Diodor.* 11, 90. . .	450	82. 2	303

---

(1) Ce passage difficile me semble présenter ce sens plus développé dans Paus. (1, 27, p. 65), lequel dit plus que Diodore, mais qui ne me semble pas autoriser la correction proposée par Wess. (Voyez *infr.* ann. 446.)

	Années av. J.-C.	Olympiad. de Corœb.	Ann. de Rome.
Cimon, rappelé de son exil, bat les Perses par mer, près de l'île de Cypre, et par terre en Cilicie : trève de cinq ans entre les Athéniens et les Péloponnésiens. *Plutarch. in Lysandro,* pag. 441, *D.*	450	82. 3	304
Artaxerxès fait une paix honteuse avec les Grecs. Mort de Cimón. (Voy. , 1°. le panégyrique d'Isocr., par M. Longueville, pag. 162 ; 2°. mon *mém.* sur *Phasélis* et l'*Halys*, dans ma géographie d'Hérodote.). .	449	82. 4	305
Les Mégariens font alliance avec Sparte, à la suite de négociations d'autant plus difficile (1) que Mégares peu auparavant (*supr.* ann. 458) avait invoqué l'appui d'Athènes contre Corinthe. Les Athéniens irrités envoient contre eux une armée qui ravage leur territoire et qui force les Mégariens vaincus à se renfermer dans leurs murs. *Diodor.* 12, 5. (Voyez *supr.* l'ann. 458.).	448	83. 1	306

_____

(1) Διαπρεσβευσάμενοι me paraît avoir ce sens.

	Années av.J.-C.	Olympiad de Corœb.	Ann. de Rome.
Les Athéniens sont battus à Coronée : dans cette action périrent Tolmidès (Thuc. 1, 113; Diod. 12, 6; Pausan. 1, 27, pag. 65), Clinias, Père du célèbre Alcibiade. (Voyez mon *Philol.* tom. 1, pag. 80, *sq.*). Par suite de la bataille de Coronée (ann. 447), divers alliés, les Eubœens surtout, abandonnèrent le parti d'A- thènes.	447	83. 2	307
Naissance de Xénophon. . . Plistoanax, roi de Lacédé- mone de la première maison, entre dans l'Attique, à Éleusis et dans les plaines thriasiennes qu'il ravage (1), ne va pas au delà, puis s'en retourne à Sparte. Les Athéniens profitant de cette imprudente retraite, qui rendit Plistoanax suspect, (Plut. Vit. C, 34) passent de	446	83. 3	308

____

(1) Thuc. 1, 114, 2, et 2, 20, donne ἐς Ἐλευσῖνα; et 2, 21, 1, περὶ Ἐλευσῖνα. Le ἐς Ἐλ., des deux premiers passages, peut servir à prouver que περὶ Ἐλ. signifie *à Éleusis*, et non *autour de.* (Voy. *infr.* ann. 481.)

	Années av. J.-C.	Olympiad. de Coroeb.	Ann. de Rome.

nouveau sous la conduite de
Périclès dans l'Éubée qu'ils sou-
mettent toute entière. (*Thuc.*
1, 114; *Diodor. E.*, 12, 7;
Aristoph. N, 213 ; *Plut. vit.
Pericl. C.* 35; et mon Xén. p.
173, t. 5, B.) . . . . **446** | **83. 3** | **308**

Cette invasion, la troisième(1)
et la plus terrible, eut lieu, dit
Paus. 5, 23, pag. 43, l'année
de l'olympiade où Crison l'Hi-
mérien remporta le prix du
stade (2). . . . .

Aristomènes d'Égine rem-
porte le prix de la lutte parmi
les enfans aux jeux pythiques,
qui se célébraient l'an 3 de chaque olympiade au mois munychion (avril). Pindare célèbre

---

(1) La remarque que les Eubœens furent battus pour la
troisième fois, servira à expliquer comment (*supr.* année
435) l'athénien Tolmidès, de l'Eubée même, dont il était
sans doute maître alors, procédait au partage du territoire
de Naxos.

(2) Crison fut vainqueur trois fois. Il y a donc ici inexac-
titude ou de Pausanias ou de ses copistes. Voyez Faccius,
dernier éditeur de Paus.

	Années av. J.-C.	Olympiad. de Corœb.	Ann. de Rome.
sa victoire dans sa huitième ode pythique. . . . . Expiration de la trêve de cinq ans entre Athènes et Lacédémone : nouvelle trêve de trente ans. *Plut. vit. Pericl. C.* 56; et mon Xén. tom. 5, B., pag. 173.	445	83. 3	309
Pindare meurt peu après avoir célébré Aristomène. (Voy. ici Larch.). . . . , . . . Plistoanax, accusé de s'être laissé corrompre (*supr.* ann. 446), est exilé, quatorze ans avant la guerre du Pélop. *Thuc.* 2, 21 ; *Plut. vit. Pericl. C.* 34; *Xen. t.* 5, B, *pag.* 147. . . L'Eubée venait d'être soumise (ann. 446); les Histiéens avaient été expulsés de leur patrie. Les Athéniens y envoient, sous le commandement de Périclès, une colonie composée de mille citoyens d'Athènes admis à partager la ville et le territoire d'Histiœé. *Diod.* 12, 22. . .	445	83. 4	309

Hérodote lit une partie de son histoire à Athènes aux Pa-

	Années av. J.-C.	Olympiad. de Coræb.	Ann. de Rome.
nathénées le 12 hécatombæon (25 juillet). *Euseb.* . . . . Fondation de la ville de Thurium par les Athéniens, douze ans avant la guerre du Péloponnèse : Hérodote, âgé de 40 ans, et Lysias, âgé de 15 ans, qui fut depuis un orateur célèbre, sont du nombre des colons. (Plut. in Lysiâ, t. 2, 835, D. Dionys. Halic. in Lysiâ, 130. Plin. His. Nat. 12, 4.) Diod. (12, 9) place cette fondation deux ans plus tôt sous l'archontat de Callimaque. Phidias fleurit. *Plin. Hist. Nat.* 34, 8. . . . . . . Proclamation aux jeux olympiques par laquelle on introduit à ces jeux les courses des chars attelés de deux mules, et celles du Calpé. (Voyez les années 500, et 496.)	444	84. 1	310
Mélissus de Samos, philosophe et grand général, fleurit. *Diog. Laert.* 9, 24. . . . Protagoras d'Abdères, qui niait l'existence des dieux, et qui disait que, dans le cas où il y en aurait, il ignorait quels ils	443	84. 1	310

	Années av. J.-C.	Olympiad. de Coroeb.	Ann. de Rome.
étaient, est chassé d'Athènes et ses livres sont brûlés en place publique. *Diog. Laert.* 9, 51. *Cicero, de Natura Deorum,* 1 , 23. Il fleurit, selon Eusèbe, vers l'an.	443	84. 2	311
Euripides, âgé de 43 ans, remporte pour la première fois le prix de la tragédie. (Marm. Oxoniens. Epoch. 61.) Il est donc né l'an 485 comme on le voit sur les mêmes marbres. *Epoch.* 51.	442	84. 2	312
Empédocles fleurit vers l'an			
Périclès avec 44 vaisseaux contre 70, soumet l'île de Samos. Le combat fut livré près de Tragie, île dépendante des Samiens. *Thuc.* 1 , 114; *Plutarch. vit. Pericl.* ; et mon atlas n°. 12.			
A ce siége, on fit pour la première fois usage du belier, de la tortue, etc., qui sont de l'invention d'Artemon de Clazomènes.	441	84. 4	313
Cette indication de Diodore (12, 27, 28) et tant d'autres, soit observations soit descrip-			

	Années av. J.-C.	Olympiad. de Corœb.	Ann. de Rome.

tions , prouvent son goût pour les arts. Thucydide, austère, les néglige : il ne veut montrer que les horreurs de la guerre. Tout à l'heure (an. 433) nous allons parler de la belle découverte de Méton : c'est encore Diodore que nous citerons, et non Thucydide. . . . . . .

M. Larcher (H. t. 7. p. 559.) fait mention de la découverte de Méton , et des différences de l'année athénienne et de l'année olympique avant la réforme du calendrier par Méton. . . . .

| 441 | 84. 4 | 313 |

Sophocles, poëte tragique , commande avec Périclès et Thucydide les troupes de la république d'Athènes. *Strab.* 14, 946. *Auctor anonym. vitæ Sophoclis.* . . . . . .

Les ossemens de Léonidas, roi de Sparte , rapportés des Thermopyles à Sparte 40 ans après sa mort. On fait tous les ans son oraison funèbre sur le lieu de sa sépulture, et l'on y célèbre des jeux où les Spar-

	Années av. J.-C.	Olympiad. de Corœb.	Ann. de Rome.
tiates seuls sont admis. *Pausan.* 3, 14. . . . . . . Défense à Athènes de jouer des comédies. *Scholiast. Aristoph. ad. Acharn.* 67, *et ex eo Suidas voc. Euthymenes.* (Voy. *infr.* ann. 437).	440	84. 4	313
Zopyre, fils de Mégabyze, passe chez les Athéniens. *H.* 3, 160.	440	85. 1	314
Commencement de la guerre des Corinthiens contre les Corcyréens (Thuc. 1, 48 *sq.*) ; guerre appelée corinthiaque par Diodore (12, 30). Épidamne, colonie de Corcyre (Thuc. 1, 24), dans des temps de discordes civiles, ayant vainement recouru à la métropole, invoqua l'appui de Corinthe. Corinthe, qui avait donné un Corinthien pour chef de la colonie d'Épidamne, croyait que cette colonie ne lui appartenait pas moins qu'aux Corcyréens. (Thuc. 1, 25.) En conséquence, et surtout par haine des Corcyréens, elle prit Épidamne sous			

	Années av. J.-C.	Olympiad. de Corœb.	Ann. de Rome.
sa protection. (Thuc. 1, 29 *sq.* Voy. *infr.* l'an 436.).	439	85. 2	315
Sophocles, âgé de 57 ans, et non de 65, comme le dit l'auteur anonyme de sa vie, commande dans la guerre contre les habitans d'Anæa en Carie, sept ans avant le commencement de la guerre du Péloponnèse. *Auctor vitæ Sophoclis.*			
Les hostilités entre Corinthe et Corcyre éclatèrent bientôt. On en vint aux mains. Corcyre triompha de la flotte corinthienne. (*Thuc.* 1, 29 *sq.* Voy. *sup.* 439; et *infr.* 436.)	438	85. 3	316
Phidias finit la statue de Minerve. Le scholiaste d'Aristophanes sur la Paix, vers 604, met cela sous l'archontat de Pythodorus, la première année de la quatre-vingt-septième olympiade ; mais voyez le père Corsini, *Fast. Attic.*, 3, 217 *sq.*			
Révocation du décret qui défendait de représenter des comédies à Athènes. *Scholiast. Aristoph. ad Acharn.*			

	Années av. J.-C.	Olympiad. de Corœb.	Ann. de Rome.
67. *Suidas*, *voc. Euthymenes.* (Voyez l'an 440.)	437	85. 3.	316
Les Athéniens envoient à Amphipolis dans l'Épi-Thrace, une colonie dont Agnon est le fondateur. *Thuc.* 4, 102; *Diod.* 12, 32. (Voy. *infr.* les années 466, 422.).			
Constructions des Propylées de la citadelle d'Athènes. Elles furent achevés en cinq ans et coûtèrent 2,012 talens, c'est-à-dire 10,865,600 liv. de notre monnaie. *Harpocrat. voc.* Προπύλαια.	437	85. 4.	317
Naissance d'Isocrates, cinq ans avant la guerre du Péloponnèse. *Dionys Halic. in Isocrate,* 149.			
Les Corinthiens humiliés de la victoire remporté sur eux par Corcyre (*supr.* an. 438), appareillèrent une flotte redoutable (Thuc. 1, 31, 1.). Alors Corcyre invoqua l'appui d'Athènes : Corinthe fit de même.	436	86. 1	318
A la suite d'une longue délibération, Athènes, sur l'avis de Périclès qui déjà pressentait l'é-			

	Années av. J.-C.	Olympiad. de Coræb.	Ann. de Rome.
ruption prochaine de la guerre du Péloponnèse, se décida pour Corcyre. (Thuc. 1, 45.) Une bataille navale à la quelle les Athéniens prirent part, fut livrée dans une des îles Sybotes. (Thuc. 1, 47.) Corinthe obtint la victoire. . . . . Mon *Philologue*, t. 4, p. 139 *sq.* donne, 1°. la bataille navale des Sybotes, avec examen critique du texte; 2°. l'analyse de la carte faite pour l'intelligence de ce texte. Thuc. (1, 50, 1) annonce cette bataille navale comme la plus mémorable de Grecs contre des Grecs (1). .	436	86. 1	318

(1) Je viens de dire que c'était Périclès qui avait conseillé l'envoi de secours aux Corcyréens; c'était aller contre la foi des traités (Thuc. 1, 56, 1). Périclès s'était décidé à cette violation des traités parce qu'*il pressentait l'éruption prochaine de la guerre du Péloponnèse*, Κυμαίνοντος ἤδη τοῦ Πελο-ποννησιακοῦ πολεμοῦ (Plutarq. Pericl. vit. p. 167, e, ed. fr.); et que d'ailleurs ce chef d'une république qui plus d'une fois viola le droit des gens, espérait tirer de plus grands avantages de la violation des traités que de leur exécution.

Dodwel (tom. 5, B de mon Xén. pag. 183) qui cite cette locution la juge *très-mauvaise*, parce qu'apparemment il y

Siége de Potidée. Immédiatement après le combat naval de Corcyre (Thuc. 1, 57, 1,), Athènes craignant la révolte de Potidée qui, par son exemple, déciderait la défection des autres alliés de l'Épi-Thrace ordonne aux Potidéates, quoique colonie corinthienne (Thuc. 1, 56.) de démolir celui de ses murs qui regardait la Pallène.

A la sollicitation de Perdiccas et des Corinthiens, les Potidéates se révoltent. Trente vaisseaux athéniens arrivent dans l'Épi-Thrace (1). Alors commence le siége de Potidée, clef de toute la Pallène, et qui coûta tant d'or et de sang aux Athéniens. (Voy. ma géogr.

Années av. J.-C.	Olympiad. de Corœb.	Ans. de Rome.
435	86. 2	319

voit un anachronisme. Dans ce cas, ce savant n'aurait pas compris le sens figuré de κυμαίνοντος, qui ne signifie pas que la guerre du Péloponnèse était commencée, mais que l'éruption couvait, et était près d'éclater.

(1) En mille passages des écrivains grecs, où il s'agit d'*Épi-Thrace* ou *littoral de la Thrace*, ceux qui, comme ici, rendent τὰ ἐπὶ Θράκης par *la Thrace*, sont obscurs, et vont contre le sens du texte.

	Années av. J.-C.	Olympiad. de Corœb	Ann. de Rome.
d'Hérodote, t. 2, et mon atlas, carte 18.)	435	86. 2	319
Discorde entre les habitans de Thurium, au sujet de celui qu'on devait reconnaître pour le fondateur de cette ville. . . Naissance d'Aristippe de Cyrène, disciple de Socrates vers l'an. . . . . On ignore le temps de sa naissance et celui de sa mort. Je place le temps de sa naissance 35 ans avant la mort de Socrates, parce qu'il fut son disciple.	434	86. 3	320
Méton publie son ennéadécaétéride (cycle d'or, ou nombre d'or de 19 années. r. ἐννέα *neuf*, δέκα *dix*, ἔτος *année*.). Barthélemy attribue l'honneur de cette belle découverte, non à la Grèce, mais à une nation plus versée dans l'astronomie. . . .	433	86. 4	321
Le commencement de l'année athénienne concourait auparavant avec la nouvelle lune qui arrive après le solstice d'hiver. Il fut fixé pour toujours à celle qui suit le solstice			

	Années av. J.-C.	Olympiad. de Cœrœb.	Ann. de Rome.
d'été; et ce ne fut qu'à cette dernière époque (c'est-à-dire au commencement du second semestre de la troisième année de la 86°. olymp.) que leurs archontes ou premiers magistrats entrèrent en charge. *Barth. Anach. tom.* 3 , p. 215, 346 , 347 ; *Diod.* 12 , 36 ; *Dodwel de Cyclis, dissert.* 3.	433	86. 4	321
Pythodorus, fut le premier archonte qui entra en exercice au commencement de l'olympiade 87 : archontat remarquable. (Voyez *infr.* an. 431.). Arcésilas IV, roi de Cyrène, est tué. *Schol. Pind.* 4 , 1.	432	87. 1	322

SUITE DU 5°. SIÈCLE.

Guerre du Péloponnèse (1).
On nomme ainsi la guerre de

______

(1) A partir d'ici, année 431 , quand je ne nomme pas l'auteur où je puise les faits, c'est toujours de Thucydide qu'il s'agit. Voyez, à la fin du volume, le *premier tableau synoptique*, utile à l'intelligence de divers événemens de la guerre du Péloponnèse.

	Années av. J.-C.	Olympiad. de Corœb.	Ann. de Rome.

28 ans (1), qui eut lieu entre les Lacédémoniens et les Athéniens, et dans laquelle ceux-ci succombèrent. La cause apparente de cette guerre, fut le secours que les Athéniens avaient accordé aux habitans de l'île de Corcyre, contre la ville de Corinthe leur métropole; ce qui était réellement une infraction au droit des gens alors établi: il était d'usage de laisser les colonies s'arranger avec leur métropole, sans se mêler de leurs différens. Mais ce n'était pas la seule faute que l'on eût à reprocher aux Athéniens. Le

431	87.1	323

---

(1) Thucydide, dit Millot, *Hist. gén.* tom. 1, pag. 326, Paris, 1772, a écrit presque en entier la guerre du Péloponnèse. L'abbé Millot prouve, en s'exprimant ainsi, qu'il n'avait lu ni Thucydide, dont on n'a que les vingt-une premières années, ni Xénophon son continuateur. Rollin se conforme à l'usage quand il dit que Thucydide a écrit l'histoire de cette guerre jusqu'à la vingt-unième année inclusivement : pour moi, je pense qu'il a écrit la totalité de cette guerre de vingt-huit ans, et qu'ainsi, nous avons à déplorer une grande perte. Voyez les preuves de cette assertion, dans mon *Philologue*, tom. 3, pag. 285, *sq.*

	Années av. J.-C.	Olympiad. de Corœb.	Ann. de Rome.
mécontentement venait de plus loin. Pendant toute l'adminis-tration de Périclès, ils s'étaient comportés en petits tyrans de la Grèce, et ils avaient tenu leurs alliés dans la plus humiliante dépendance. Sparte, surtout, était mécontente et jalouse.	431	87. 1	323

Par un double malheur pour Athènes, dans le même temps elle perdit Périclès, l'un des plus grands administrateurs qui aient existé, et l'intrigue porta à sa place Cléon, homme vain et sans talens. Les Athéniens, battus en différentes rencontres, perdirent leur flotte sur la côte de la Chersonèse de Thrace, au lieu nommé *Ægos Potamos* (*le fleuve de la Chèvre.*) Lysan-dre, qui commandait celle des Lacédémoniens, trouvant cette flotte sans défense, la brûla. Il revint ensuite à Athènes, fit démolir les murs du Pirée, construits au temps et par les conseils de Thémistocle, et livra la république à toutes les horreurs de l'anarchie. On mit

	Années av. J.-C.	Olympiad. de Corœb.	Ann. de Rome.
à la tête du gouvernement trente magistrats, qui étaient autant de tyrans.	431	87. 1	323

Enfin, en 402, Thrasybule reprit le Pirée, et rétablit la démocratie athénienne. Pour prévenir les nouveaux crimes qu'aurait pu se permettre la vengeance, on convint d'une amnistie générale. (*Voy. infr.* ann. 411 et 404, des détails sur ces événemens; et dans mon atlas, *nouveau plan du village et du port du Pirée, considérés à diverses époques.*) (M.).

On a, en peu de mots, l'histoire de cette guerre de 27 ans que l'ambition fit naître, que la haine rendit atroce (1), et qui fut aussi funeste aux Hellènes que leur confédération et leur concorde leur avaient été utiles; cette guerre terrible qui fut la plus violente des secousses qu'eussent éprouvées l'*Hellade*

(1) Sur l'acharnement des guerres entre les républiques, voyez Millot (L. L., pag. 329) citant l'opinion de l'abbé de Mably.

Années av. J.-C.	O'lympiad. de Corinb	Ann. de Rome.
431	87. 1	323

une partie des barbares et presque le monde entier. (1, 1, 18).

Nous allons maintenant entrer dans les détails. L'ingénieux et souvent judicieux abbé Millot dit qu'il épargnera à ses lecteurs des détails militaires. Mais comment, dans le récit de l'une des plus mémorables guerres, supprimer ce qui en constitue la partie principale: les détails militaires (1), et en outre ces détails géographiques qui donnent de la vie à la narration. Millot se défiait-il de ses connaissances en tactique, et surtout en géographie ancienne? Nous avions d'aussi justes motifs de défiance; mais, d'après les leçons des plus grands tacticiens et d'après des laborieuses recherches sur la géographie ancienne considérée par époques, nous aurons occasion de renvoyer et à des plans de bataille dressés par les plus grands maîtres, et

(1) Sur l'importance de ces détails, voyez mon *Philologue* tom. 1, *préface*, pag. 1, *sq.*

	Années av. J.-C.	Olympiad. de Coroeb.	Ann. de Rome.
à des cartes géographiques qui	431	87. 1	323

à des cartes géographiques qui ont paru à des juges de nos travaux, présenter plus d'une fois d'utiles aperçus.

La guerre du Péloponnèse commença au printemps de l'année munychion (avril), sous l'archontat de Pythodore, 252e. archonte annuel, et sous l'éphorat d'Ænésias (2, 2, 1 *sq.*), la 15e. année de cette trêve de 30 ans (1) qu'on avait conclue après la réduction de l'Eubée; la 48e. année du sacerdoce de Chrysis (2), dans l'Argolide; six mois après la bataille de Potidée.

Voici quels étaient les alliés des deux peuples.

Lacédémone avait en dedans de l'Isthme tout le Péloponnèse, à l'exception d'Argos qui resta neutre. Les Achéens, excepté

---

(1) Voyez ann. 445.

(2) Thucydide qui nomme ici (2, 2, 1) Chrysis, la nomme de nouveau 4, 133, 2. — Les Argiens, dit le Schol. 2, 2, 1, supputaient d'après les années du sacerdoce des prêtresses.

	Années av J.-C.	Olympiad. de Coroeb.	Ann. de Rome.
	431	87. 1	323

ceux de Pellène, gardèrent d'a-
bord la même neutralité. Mais
ils s'engagèrent peu à peu dans
cette guerre. Hors du Péloponnèse, ils avaient les Mégariens,
les Béotiens, les Phocéens, les
Ampraciotes, les Leucadiens,
les Anactoriens. Parmi ces peuples, ceux de Corinthe, de Mégares, de Sicyonie, de la Pellé-
nie, de l'Élide, de l'Ambracie,
de la Leucadie, concourent à la
formation de la flotte (2, 9, 1
sq.). Les Béotiens, la Phocide, la
Locride, fournirent de la cavalerie : les autres républiques, de
l'infanterie. Tels étaient les alliés de Lacédémone.

Athènes avait pour alliés Chio,
Lesbos, Platée, les Messéniens
de Naupacte, la plus grande partie de l'Acarnanie, Corcyre,
Zacynthe, (sans compter les tri-
butaires de ces peuplades), la
Carie maritime, les Doriens,
voisins de la Carie, l'Ionie,
l'Hellespont, l'Épi-Thrace, toutes les îles des côtes du Péloponnèse, et celles situées à l'o-

	Années av. J.-C.	Olympiad. de Corœb.	Ann. de Rome.
	431	87. 1	323

rient de la Crète, toutes les Cyclades, excepté Melos et Thera; parmi ces peuples, ceux de Chio, de Lesbos, de Corcyre, fournirent des vaisseaux, les autres, de l'infanterie et de l'argent (1).

L'invasion de la ville de Platée par les Thébains fut le signal de la guerre. Bientôt les Lacédémoniens ont fait les préparatifs nécessaires pour fondre

---

(1) Qu'il me soit permis de relever ici des inexactitudes de Rollin. Ce grand homme, digne à tant de titres de tous nos hommages, (Hist. anc. tom. 3, pag. 520, éd. in-12, Paris, 1732) veut faire connaître les alliés et les forces d'Athènes et de Sparte. Mais comment omet-il le nom des peuples qui concoururent à la composition des deux flottes, qui cependant se livrèrent des batailles mémorables (Voyez *infr.* ann. 430, 431 et *pass.*)? Autre faute. Rollin n'étant pas de son temps plus avancé qu'on ne l'est à présent encore sur le sens de la locution τὰ ἐπὶ Θράκης qui signifie l'*Épi-Thrace, le littoral de la Thrace*, dit (l. l. p. 521) qu'Athènes avait pour alliés les villes de la Thrace. C'est commettre la plus grave des erreurs : en effet Athènes avait pour alliés non les villes continentales de la Thrace, mais le littoral de la Thrace, qui était en très-grande partie peuplé de colonies Helléniques. Ce grand homme, à la gloire duquel on est sûr de ne pas nuire en prouvant qu'il a payé le tribut à l'humaine faiblesse, se

23

	Années av. J.-C.	Olympiad. de Corœb.	Ann. de Rome.
	431	87. 1	323

sur l'Attique (2, 10). Dès que tout fut prêt, les deux tiers des troupes de chaque république se rendirent à l'isthme de Corinthe : l'autre demeurait pour la garde des républiques respectives (*ib.*). Alors Archidamus, roi de Lacédémone, harangua les troupes. Il n'était plus temps de dire à des guerriers assemblés et impatiens de combattre, que les discordes de Sparte et d'Athènes allaient réjouir la Perse, que des lieux pleins de leur gloire seraient peut-être témoins de déplorables désastres. Il se borna à leur mettre sous les yeux les grandes actions de leurs ancêtres et celles qui les avaient eux - mêmes

---

trompe évidemment encore lorsqu'il dit, *la Dorie*, au lieu de *la Doride ; la ville de Chalcide*, au lieu de *la Chalcidique* (province). Rollin ne se trompe pas sur le sens de ἐντὸς ἰσθμοῦ (2, 9, 1); car il évite cette locution difficile. (Voyez mon *Philologue*, tom. 2, pag. 323.) Il ne se trompe pas non plus sur le sens de certains faits militaires mémorables : car il les omet, ainsi que tant d'autres, ce que nous prouverons dans notre recueil des batailles des Anciens.

	Années av. J.-C.	Olympiad. de Corœb.	Ann. de Rome.
signalés, et leur représenta que	431	87. 1	323

signalés, et leur représenta que
dans toute l'Hellade, les esprits
étaient en suspens et dans l'at-
tente d'événemens qui allaient
décider de son sort, etc.

L'assemblée s'étant séparée,
le sage Archidamus tenta les
voies d'accommodement. Mais
ne conservant plus d'espérance
de succès, il se dirige sur OEnoé,
dème des frontières de l'Attique
et de la Béotie (2 , 18, 1) , y
emploie en vain tous les moyens
d'attaque , lève le camp , 80
jours après l'échec des Thébains à Platée , et fond sur
l'Attique.

Avant qu'il y entrât, Périclès,
exhortant ses concitoyens à
soutenir courageusement la
guerre , entra dans le détail des
ressources de la république , et
invita les riches et les proprié-
taires à quitter ces campagnes
où habituellement ils vivaient
pour la plupart (2 , 14), et à
se rendre à la ville , où il voulut
qu'on restât , se tenant tran-
quilles dans l'intérieur, et tour-

	Années av. J.-C.	Olympiad. de Corœb.	Ann. de Rome.
nant leurs vues uniquement vers	431	87.1	323

la mer (1, 143, 5; 2, 65, 4).
Même les riches l'écoutèrent, ne
quittant cependant pas sans cha-
grin ces maisons et ces *hiérons*
qui, d'après une ancienne manière d'exister civilement,
étaient devenus pour eux comme des hiérons de patrie (2,
16, 2). Tout ce qui habitait les
champs se rendit à la ville.

Les Athéniens n'étaient pas
sans espoir que l'ennemi, campé
à Éleusis et dans les plaines de
Thriasiè, fît retraite. Ils se rap-
pelaient que Plistoanax 14 ans
auparavant (Voyez année 446)
n'était pas allé au delà. Mais
quand ils virent à Acharnes, à
60 stades d'Athènes, l'ennemi
ravageant la campagne sous
leurs yeux, spectacle nouveau,
même pour les vieillards, depuis
la guerre des Mèdes, ils perdirent patience. Se croyant avilis,
s'ils laissaient un tel outrage
sans vengeance, ils voulaient
tous sortir de la ville. Périclès
se vit alors en butte à tous les

	Années av. J.-C.	Olympiad. de Corœb.	Ann. de Rome.
	431	87. 1	323

ressentimens. On l'appelait l'auteur de tous les maux (2 , 21), et l'on oubliait l'abandon qu'il avait fait de ses terres à la république , dans la crainte que ses anciennes liaisons avec Archidamus ne le rendissent suspect (2, 13).

Dans les lieux de l'Attique ravagés par Lacédémone, (Thuc. 2, 19) nomme Éleusis, les plaines de Thria et non le dême de Décélée. Les Lacédémoniens (H, 9, 73) l'épargnaient en reconnaissance de la conduite des Décéléens envers les Tyndarides : indignés du rapt d'Hélène par Thésée, ils avaient tout révélé.

Périclès cependant veillait à la défense de la ville. Afin de préserver des ravages les campagnes voisines, il envoyait en avant un corps de cavalerie. Une escarmouche s'engagea à Phrygies (nom d'un lieu de l'Attique, 2 , 22 , 2) entre un corps de cavalerie athénienne et thessalienne, et des cavaliers béo-

	Années av. J.-C.	Olympiad. de Corœb.	Ann. de Rome.
tiens. Ainsi, dès la première	431	87. 1	323

tiens. Ainsi, dès la première année de la guerre, voilà une cavalerie athénienne.

Les Péloponnésiens voyant leurs ennemis décidés à n'en pas venir aux mains, lèvent le camp établi à Acharnes (1), et s'en retournent chez eux (2, 20).

Les Athéniens, dans le temps même que les Péloponnésiens ravageaient l'Attique (2, 25, 1), avaient envoyé une flotte de cent vaisseaux sur les côtes du Péloponnèse (2); fait une descente près de Méthone, ville de la Laconie. La valeur du Lacédémonien Brasidas qui se trouvait sur le territoire de Méthone (2, 25, 2), l'ayant rendue inutile, bientôt remettant en

---

(1) Si le camp était à Acharnes, περὶ τὰς Ἀχαρνὰς 2, 20, 1, 2, et 4; 2, 21, 2, ne signifie donc pas *aux environs d'Acharnes*, comme Lév. et moi, l'avons répété avec tant d'autres. (Voyez *supr.* ann. 446.)

(2) Περὶ Πελ. *sur* et non *autour de.* Voy. dans mon *Philol.* tom. 3, pag. 162, recherches sur diverses incursions de la flotte d'Athènes, omises par Dodwel, Larcher, et autres.

	Années av. J.-C.	Olympiad. de Coræb.	Ann. de Rome.
mer et longeant la côte, ils font	431	87. 1	323

mer et longeant la côte, ils font
une nouvelle descente près de
Phie, puis se rembarquent et
tournent le cap Ichthys, voisin
du port de Phie : passage remarquable qui avertit que le
cap Ichthys et le port de Phie
sont deux points différens ; et
qu'ainsi, il faut, sur la carte,
distinguer et marquer, ce que
n'ont pas fait nos devanciers,
le cap Ichthys, le port de Phie
et la ville de même nom. (Voy.
mon *Philol.* t. 3, p. 162 *sq.* et
la carte de l'Élide).

Vers le même temps, Athènes
envoie 30 vaisseaux sur les côtes
de la Locride qu'elle voulait sur-
veiller ainsi que l'Eubée (2, 26,
1); le général athénien Théo-
pompe fit diverses descentes,
prit Thronium et vainquit à Alo-
pé les Locriens qui venaient le
combattre (*ib.*).

Dans le même été, les Athéniens chassèrent les Éginètes de
leur île, comme principaux auteurs de la guerre (2, 27), circonstance à remarquer, puis-

	Années av. J.-C.	Olympiad. de Corœb.	Ann. de Rome.
qu'elle répond en partie à ceux	431	87. 1	323

qu'elle répond en partie à ceux
des abréviateurs, soit anciens,
soit modernes, comme Langlet-
Dufresnoy, Millot et autres,
qui attribuent à Périclès une
guerre qu'il conseilla (2, 60,
4), parce qu'il la jugeait peut-
être malheureusement nécessaire, mais dont il ne fut assu-
rément pas l'auteur.

Lacédémone donna la Thy-
réatide aux Éginètes chassés de
leur patrie par Athènes (2, 27).

Les Athéniens recherchent l'alliance de Sitalcès, fils de Térès,
roi des Odryses. Ils espéraient
ramener à eux, par son entremise, et Perdiccas, roi de Macédoine, et la portion de la
Thrace sur laquelle ils avaient
des prétentions : négociation
qui réussit par l'entremise de
Nymphodore d'Abdères, dont
la sœur avait épousé Sitalcès,
lequel était non pas roi de
Thrace, mais roi d'une partie
de la Thrace (2, 29). (Voy. *sur
Sitalcès*, 1°. ma géographie

	Années av. J.-C.	Olympiad. de Corœb.	Ann. de Rome.
d'Hérodote, t. 2, p. 76; 2°. *infr.* ann. 429.).			
Médée, tragédie d'Euripide, est jouée. (Aristophanes *grammaticus in argumento* id. 431).	431	87. 1	323
Eupolis commence à donner des comédies. *Schol. Aristoph.* περὶ Κωμῳδίας).			
Nicolaüs et Anériste, ambassadeurs lacédémoniens, allaient en. Asie demander au grand roi de l'argent et des troupes. Ils traversaient la Thrace pour gagner le bâtiment sur lequel ils allaient passer l'Hellespont. Sadocus, fils de Sitalcès, devenu Athénien, les fait saisir, les envoie à Athènes où ils périrent sans être entendus. Cette violation du droit des gens envers Lacédémone fut jugée, à Athènes, une juste représaille, (H. 7, 137. Voy. mes *obs. sur Thuc.* 2, 48.).	430	87. 3	324
Dans l'hiver de la même année, Périclès, au nom de la république, prononce l'oraison funèbre des guerriers morts dans les premiers combats. (Voy. 1°. mon mémoire sur Thuc. p. 96,			

	Années av. J.-C.	Olympiad. de Corœb.	Ann. de Rome.
2°. l'estampe relative à cette cérémonie).	43o	87. 3	324

Éclipse de soleil, à la nouvelle lune, suivant le cours de la lune astronomique. Voyez t. 5., *obs. prél.* p. 15, la distinction existante entre la nouvelle lune civile et la nouvelle lune astronomique.

L'île Atalante, située entre l'Eubée et la Locride Opuntienne, mais plus près de cette dernière, fut habitée pour la première fois la 2ᵉ. ann. de la 87ᵉ. Ol. (Voy. *Philologue*, t. 3, p. 184; et t. 5, p. 63).

Naissance de Platon, (Corsini fast. att. t. 3. p. 230, in symbolis litt. Florentiæ editis, t. 6, p. 97). Voy. *infr.* an. 347.

Peste d'Athènes, au commencement de l'été (2, 47-55). Voy 1°. mon *Mémoire sur Thuc.* p. 154, 2°. l'estampe relative à ce sujet. Elle est un chef-d'œuvre de Moreau.

Périclès, avec les cent vaisseaux (*Supr.* ann. 431) désole les côtes du Péloponnèse, et à

	Années av. J.-C.	Olympiad. de Corœb.	Ann. de Rome.
son retour de ses excursions maritimes, trouve les Péloponnésiens sortis de l'Attique par crainte de la peste. qui ravageait Athènes et la flotte. (2, 56 *sq.* Dodwel, p. 201).	430	87. 3	324

son retour de ses excursions
maritimes, trouve les Péloponnésiens sortis de l'Attique par
crainte de la peste. qui ravageait Athènes et la flotte. (2 ,
56 *sq.* Dodwel, p. 201).

Le même été, deux collègues
de Périclès prennent l'armée
qu'il avait commandée, font la
guerre aux Chalcidiens de l'*Épithrace*, et continuent le siége
de Potidée qui se rend enfin
(2, 70); et l'un d'eux revient à
Athènes, la peste lui ayant enlevé, en 40 jours, 1500 Hoplites sur quatre mille (2, 58).

Après la deuxième invasion
de l'Attique par les Péloponnésiens, les Athéniens que désolaient et la peste et la guerre
font peser tout leur ressentiment sur Périclès (2, 59), qui,
dans un discours plein d'art (2,
60-64) les apaise et les détourne de la pensée de leurs
maux (2, 65).

Au commencement de l'hiver, Athènes envoie sur les

	Années av. J.-C.	Olympiad. de Corœb.	Ann. de Rome.
côtes du Péloponnèse , vingt vaisseaux commandés par Phormion (2, 69). Voyez l'atlas nº. 3o.	43o	87.3	324
Archidamus II, roi de Lacédémone de la seconde maison, assiége Platée vers la fin de l'année (2, 71.) (Voyez *infr.* 427).			
Mort de Périclès : calamité publique arrivée deux ans et six mois après le commencement de la guerre du Péloponnèse (2, 65, 4). Périclès honorablement jugé par Thucydide, historien austère qui commande la confiance (2, 65, 10) : passage remarquable qui, entre mille autres, n'a jamais été compris. (Voy. *Diog. Laert.* 3, 5; *Athen.* 5, 18.).	429	87.3	325
Au commencement de l'hiver, les Athéniens envoient sur les côtes du Péloponnèse , vingt vaisseaux commandés par Phormion qui, partant de Naupacte, veillait à ce qu'on ne pût ni entrer dans le golfe de Crisa, ni en sortir. On expédie en même			

	Années av. J.-C.	Olympiad. de Coræb.	Années av. J.-C
temps six vaisseaux pour la Carie et la Lycie, sous le commandement de Mélesandre. Sa	429	87. 3	325

temps six vaisseaux pour la Carie et la Lycie, sous le commandement de Mélesandre. Sa mission était d'y lever des tributs et d'empêcher les pirates Péloponnésiens d'incommoder la navigation des vaisseaux marchands de Phasélis, de Phœnicie et de toute cette partie du continent (2, 69).

Les Potidéates réduits à se manger les uns les autres, se rendent à la discrétion d'Athènes. Ainsi finit la deuxième année de la guerre du Péloponnèse. Ainsi finit un siége qui avait coûté deux mille talens à Athènes (2 , 70). Athènes plaça sur la tombe de ceux de ses enfans qui périrent devant Potidée, un marbre funéraire, avec cette inscription publiée par M. Visconti : « Le ciel a reçu les âmes de ces guerriers ; et leurs corps ont trouvé aux portes de Potidée le sommeil éternel. Athènes honore de ses regrets et de ses larmes les braves qui sont morts en s'exposant les premiers aux

	Années av. J.-C.	Olympiad. de Corœb.	Ann. de Rome.
	429	87.4	325

coups de l'ennemi. Vous, jeunes Athéniens, payez un tribut d'admiration à ces âmes généreuses qui, en exerçant leur vertu, ont accru la gloire de leur patrie. » (Voy. mon *Apologie de Socr.* par Platon ; ch. 17, p. 20.).

Siége de Platée, qui n'a été compris ni par Juste-Lipse, ni par aucun de mes devanciers, et sur lequel il me reste encore beaucoup à faire. Archidamus fils de Zeuxis, roi de Lacédémone, entreprend ce siége au commencement de l'été (2,.71 *sq.*). Voy. les planches de l'atlas relatives à ce siége.

Pendant l'été et durant l'expédition contre Platée, les Athéniens marchent contre les Chalcidiens de l'Épi-Thrace et sont vaincus par la cavalerie Chalcidienne (2, 79).

Le même été, et peu après, les Ambraciotes et les Chaoniens, voulant soumettre l'Acarnanie et la détacher d'Athènes, persuadent aux Lacédémo-

	Années av. J.-C.	Olympiad. de Corœb.	Ann. de Rome.

niens d'équiper une flotte (2, 80, 1). Les Lacédémoniens, persuadés, équipent une flotte qui part sous les ordres de Cnémus (2, 80, 2).

Ce général avait à combattre l'Athénien Phormion. Phormion qui commandait une flotte bien inférieure en nombre, avait compté sur un vent qui, soufflant du golfe, ne permettrait pas aux ennemis de garder un instant le même ordre (2, 84). Ce vent s'éleva. Phormion donne le signal de l'attaque. Les Athéniens enfoncent la flotte déjà mise en désordre par le vent, brisent des vaisseaux et réduisent les ennemis à une telle détresse, qu'ils fuient tous à Patres et à Dyme d'Achaïe, et de là, à Cyllène, arsenal maritime des Éléens : tandis que les Athéniens vainqueurs dressèrent un trophée sur le cap Rhium, puis retournèrent à Naupacte (2, 84). Voy. Carte du détroit du golfe de Crissa.

Bientôt on envoie à Cnémus

	Années ov. J.-C.	Olympiad. de Corœb.	Ann. de Rome.
vaincu, un conseil qui le dirigerait dans ses opérations navales. Brasidas en faisait partie. Sous de tels auspices, ils devaient espérer : c'était d'ailleurs leur premier combat naval. Ils attribuaient donc leur revers à leur infériorité dans la marine (2, 85, 2). On se prépare à un nouveau combat.	429	87.4	325

Cnémus et Brasidas haranguent les Lacédémoniens (2, 87, *sq*). Phormion encourage les Athéniens (2, 89) : on en vient aux mains : les deux partis, se croyant vainqueurs, érigent un trophée (2, 92, 3 et 4).

Avant que la flotte Péloponnésienne se séparât, les généraux lacédémoniens, forts de leur association avec Brasidas, font une tentative sur le Pirée d'Athènes (2, 93, 1), ils consternent les Athéniens (2, 94), qui, depuis cette invasion, gardèrent mieux le Pirée et tinrent le port fermé.

Dans le même temps, au commencement de l'hiver, Si-

	Années av J.-C.	Olympiad. de Corœb.	Ann. de Rome.
	429	87.4	325

talcès, roi d'une partie de la Thrace, fidèle à sa promesse aux Athéniens qui tenaient peu à la leur (*supr.* ann. 430), fait la guerre à Perdiccas, roi de Macédoine (2, 95 et 98), avec une armée de cent cinquante mille hommes, dont la cavalerie formait le tiers (2, 98, 3), expédition que les intrigues de Seuthès, son neveu (2, 101, 4), et peut-être aussi la crainte que Sitalcès inspirait à Athènes (2, 101, 2 et 3), rendirent aussi peu funeste à Perdiccas qu'infructueuse pour Sitalcès, (*ibid.*) — A l'occasion de Perdiccas, précité, Gottleber fait une remarque érudite sur la généalogie des rois de Macédoine. (Voyez Thuc. 2, 95 et 100; et Hérodote 8, 138, 139, — Sur l'expédition de Sitalcès, et la géographie de la Thrace odrysienne, et sur ces rois de Thrace qui n'ont jamais existé, voyez ma Géographie d'Hérodote, t. 3, p. 352 *sq.*)

Le même hiver, la flotte du

	Années av. J.-C.	Olympiad. de Cœræb.	Ann. de Rome.
	429	87. 4	325

Péloponnèse retirée, les Athéniens pénètrent dans l'intérieur de l'Acarnanie, pour défendre les Acarnanes contre les OEniades leurs ennemis, sous le commandement de Phormion (2 , 102, 1), puis, après avoir chassé de Stratos, Coronte et autres lieux (*ib.*), ceux dont ils suspectaient la fidélité, ils retournent à Athènes au commencement du printemps. Avec l'hiver finit la troisième année de la guerre du Péloponnèse, (2 , 103).—(Sur les Acarnanes, alliés d'Athènes, voy. 2, 9, 4 ; 102, 1 ; 3, 7, 1 ; 3, 105, 1 *sq.*).

L'été de la première année de la quatre-vingt-huitième olympiade, nouvelle invasion des Péloponnésiens dans l'Attique (3, 1, 1), suivie de la défection de l'île de Lesbos (1),

---

(1) Au milieu de ces grands événemens, M. Larcher indique 1°. la mort du philosophe Anaxagoras, âgé de 72 ans. (Diog. Laert. 2, 6 et 7); 2°. les *Daïtaléens*, comédie d'Aristophanes, représentée sur le théâtre d'Athènes.

	Années av. J.-C.	Olympiad. de Corœb.	Ann. de Rome.
dont les Méthymnéens seuls restèrent fidèles au parti d'A-thènes (3, 2). — Les Athé-niens assiégent donc Mitylène de Lesbos (3 , 6), et, à la même époque de cet été, ils envoient aussi trente vaisseaux dans l'A-carnanie (3 , 7). — Démarche des Mitylénéens auprès des La-cédémoniens , dans l'*hiéron* même de Jupiter à Olympie (3 , 8-16 *sq.* — Marine des Athé-niens (3 , 17). — Tentative des Platéens, s'efforçant d'esca-lader le mur des Péloponnésiens (3, 20 *sq.*).	428	88. 1	326

Au commencement de l'été suivant, les Péloponnésiens en-voient à Mitylène (3 , 26, 1), des secours qui n'arrivent pas (3 , 26, 3). Ils font, dans l'Attique, une troisième incur-sion plus terrible que les pré-cédentes (3 , 26, 2). — Les Mitylénéens se rendent (3, 28 et 29). — On délibère sur le sort des Mitylénéens : la pre-mière résolution est de les ex-terminer tous sans délai (3, 36);

	Années av. J.-C.	Olympiad. de Corœb.	Ann. de Rome.

mais bientôt on se repent. Cléon se prononce pour le décret de mort (3, 37-40). Diodote le combat (3, 42-48): son avis prévaut. Une trirème arrivait au moment où allaient commencer les assassinats (3, 49). — Les Platéens furent moins heureux ; ils essayèrent en vain de fléchir leurs juges (3, 53-59). Les Thébains, leurs ennemis jurés, qui avaient facilité la prise de Platée, craignant que leur pathétique harangue n'attendrît les Lacédémoniens, demandèrent à répondre (3, 61-67), et fermèrent tous les cœurs à la pitié. Les Platéens furent tous égorgés et leur ville détruite. (Thuc. 2, 75 *sq.* et 3, 68 ; Diod. 12, 56) : il était réservé au conquérant de la Grèce de faire sortir de ses ruines une ville et un peuple que des Grecs (les Béotiens et les Lacédémoniens) s'efforçaient d'anéantir (Voy. Plutarch. vie d'Arist. p. 3), et que la foi des sermens aurait dû

Années av. J.-C. : 427
Olympiad. de Corœb. : 88. 2
Ann. de Rome : 327

	Années av. J.-C.	Olympiad. de Coræb.	Ann. de Rome.
leur rendre sacrés (Thuc. 3 , 59, 2).	427	88. 2	327

Platée détruite fut ensuite re-construite (1), puis de nouveau rasée jusqu'en ses fondemens. M. Barthélemy n'indique que la deuxième époque : mais la pre-mière époquen'est-elle pas bien plus remarquable, et par les circonstances qui l'accompa-gnent, et par le savant récit du siége décrit par Thucydide, et par le style de ce dernier, bien autrement attachant que celui de Diodore, cité par M. Barthé-lemy ? M. Larcher, dans ses deux éditions, cite la première époque de la destruction de Platée, d'après Diodore, mais

(1) A la suite de son article, affaire de deux lignes, M. Larcher cite 1°. Agis Ier., roi de Lacédémone, de la deuxième maison, montant sur le trône la cinquième année de la guerre du Péloponnèse; 2°. les *Babyloniens*, comédie d'Aristophanes, représentée aux grandes Dionysiaques, ou Dionysiaques de la ville, dans le mois élaphébolion (mars); 3°. les Athéniens purifiant Délos, fait attesté par Diod. (12 , 56) et par Thuc. (1 , 8; 3, 104) que Larcher cite trop peu.

sans citer Thucydide, si remarquable dans sa description.   .

Corcyre en proie à deux factions partagées entre Athènes et Lacédémone (3, 69). Réflexions de Thucydide, sur la nature des factions dans la Grèce, *ib.* et *sq.*   .   .   .   .   .

Un secours de vingt vaisseaux envoyés par Athènes aux Léontins en Sicile (3 , 86, 1), les ravages de la peste attaquant de nouveau les Athéniens, chez qui elle n'avait jamais entièrement cessé (3 , 87, 1), de fréquens tremblemens de terre dans l'Attique (3 , 87 , 2, et 3 , 89, 1) qui empêchèrent une nouvelle invasion d'Agis Ier., roi de Lacédémone, de la seconde maison, fils d'Archidamus (3 , 89, 1). Au milieu de ces tremblemens de terre , Orobiès, de l'Eubée, siége de l'un des plus célèbres oracles d'Apollon, disparut en partie; et ce qui fut terre autrefois est mer aujourd'hui. (Voyez Thuc. 2 ;

	Années av. J.-C.	Olympiad. de Corœb.	Ann. de Rome.
	427	88. 2	327

	Années av. J.-C.	Olympiad. de Corœb.	Ann. de Rome.
89, 1; et Strabon, trad. fr. t. 3. p. 412.)	426	88. 3	328

Les côtes de la Locride (2, 26) ravagées par les Athéniens, sous le commandement de Nicias (3, 91). Hipponicus, fils de Callias Dadouque, qui s'était trouvé à la bataille de Marathon, et Eurymédon, fils de Théoclès, tous deux généraux athéniens, vont avec le peuple d'Athènes en masse, se joindre à Démosthène et Proclès, autres généraux athéniens, et battent, à Tanagre (1), les Tanagriens et quelques Thébains venus à leur secours. Thucydide (3, 91) et Diodore (12, 65), placent cet événement et le précédent à la même époque; mais M. Larcher diffère de Thucydide, qu'il cite cependant. La prise de Messine en Sicile, par les Athéniens, moins heureux dans l'Étolie (3, 90, 98); la purification de l'île

______

(1) Antisthène qui se trouva à cette bataille (Diog. L. 6, 1, et qui fut depuis disciple de Socrate, devait avoir alors au moins 20 ans.

Années av. J.-C.	Olympiad. de Corœb.	Ann. de Rome.
.426	88. 3	328

de Délos par les mêmes (3, 104); de la part des Lacédémoniens, la fondation d'Héraclée Trachinienne (3, 92, Diod. 12, 59); la représentation dés *Acharnes* d'Aristophanes (Aristoph. Ach. 266); une entreprise vers Naupacte; un échec près d'Ambracie (3, 105, *sq.*), tels furent à peu près les événemens qui signalèrent et la fin de la cinquième année de la guerre du Péloponnèse et toute la sixième. — L'échec arrivé (3, 90, 98) sous Démosthène est réparé par lui à Olpes (3, 102, 113), où les Acarnanes le secondent. (Voyez *ma bataille d'Olpes.*)

A la septième année de la guerre du Péloponnèse, en été, vers le temps où l'épi commence à percer son enveloppe, les Syracusains s'emparent de Messine en Sicile, qui, auparavant (3, 90) tenant au parti d'Athènes, s'en détachait alors 4, 1, 1.

Démosthène, général athé-

	Années av. J.-C.	Olympiad. de Coræb.	Ann. de Rome.
nien, fortifie Pylos éloignée de	426	88.'3	328

nien, fortifie Pylos éloignée de
Sparte d'environ 4oo stades, et
située dans le canton qu'on appelait autrefois la Messénie (4,
3) : Agis et les Lacédémoniens
alarmés (4, 6), abordent à
Pylos (4, 8), combattent, sont
vaincus, enfermés pour la plupart dans Sphactérie, île située
vis-à-vis de Pylos (4, 4); de-
mandent la paix (4, 17), laquelle, à l'instigation de Cléon,
leur est refusée (4, 21). Cléon,
malgré lui, nommé général
pour l'expédition de Pylos, dé-
cline, tout tremblant, une mission que Nicias le somme d'ac-
cepter (4, 28, et Aristoph. N.
584.) Il part. Après plusieurs actions meurtrières, les Lacédémoniens, vaincus, en viennent
à une déshonorante capitula-
tion. 4, 38, et Diod. 12, 63.

Le succès des Athéniens à
Pylos, fut suivi d'une victoire
sur les Corinthiens, à Solygie
(4, 44); ils la durent à leur
cavalerie. Ils ne firent rien de
remarquable, l'hiver de la sep-

	Années av. J.-C.	Olympiad. de Corœb.	Ann. de Rome.
tième année; mais, l'été de la huitième, ils prirent l'île de Cythère dans la Laconie. 4, 53.	425	88. 4	329
Athènes, oubliant les conseils de Périclès (2, 65, 4), prend part aux affaires de la Sicile (3, 99 ; 4, 46 et 48). Hermocrate de Syracuse entreprend d'anéantir leur influence (4, 58, 59, *sq.*). — Le Lacédémonien Brasidas humilie l'orgueil d'Athènes, lui enlève des alliés, et soumet Amphipolis, Stagire, Acanthe, Torone (4, 79, *sq.*). . . .	424	89. 1	330
L'hiver de la première ann. de la 89ᵉ. olymp. (Thuc. 4, 109, 1), remarquable par tant d'événemens (Thuc. 4, 89, 1 *sq.*), ne l'est pas moins par le concours de deux événemens. Les Mégariens démolissent les longs murs qui allaient de Mégares à Nisée, tandis que Brasidas, après la prise d'Amphipolis, marchait sur l'*Acté* (1) (Thuc. 1, 109, 1). Ce synchronisme, négligé par Larch. méritait d'être recueilli.			

____

(1) Voyez sur l'Acté et l'Athos, ma Géogr. d'Hérodote.

	Années av. J.-C.	Olympiad. de Corœb.	Ann. de Rome.

La démolition des murs des Mégariens, donnera lieu ici à une remarque extraite du Thucydide. Les Mégariens, antérieurement à la guerre du Péloponnèse, ayant pris le parti d'Athènes, celle-ci leur avait construit ces longs murs et y avait mis garnison (1 , 103, 3). Mais bientôt elle en avait fait un moyen de nuire à des alliés qu'ils avaient promis de protéger. Mégares, indignée de la perfidie, fondit sur la garnison athénienne, la quatrième année de la 89ᵉ. olymp. (4, 109, 1), la mit en fuite et redevint maîtresse de ses murs qu'elle démolit de fond en comble.

Éclipse de lune, le 9 octobre. (Aristoph. N. 584, et *ib.* Schol.)

Éclipse de soleil, le 23 octobre (Aristoph. Nub. 585 ; Thucyd. 4 , 52). Dodwel met cette éclipse le 21 mars ; mais il n'y en eut point avant le 23 octobre : celle du 21 mars est trop éloignée de l'élection de Cléon, pour qu'Aristophanes en

	424	89. 1	330

	Années av. J.-C.	Olympiad. de Corœb.	Ann. de Rome.
ait pris occasion de lancer un trait de satire contre ce général.	424	89. 1	330
Mort d'Artaxerxès Longue-Main : Xerxès II lui succède : il règne quelques mois.			
Représentation des *Chevaliers*, comédie d'Aristophanes.			
Bataille de Délium. Les Athéniens y sont battus par les Béotiens (4, 96 et 101 ; Diod. 12, 70).			
Xénophon, âgé de 22 ans, entraîné par les fuyards, est renversé de dessus son cheval : Socrate le relève et le porte sur ses épaules pendant plusieurs stades, jusqu'à ce qu'il l'eût mis hors de danger (Strab. 9, pag. 618 ; Diog. Laert. 2, 22 et 23).			
Sogdien succède à Xerxès II : il est tué après un règne de sept mois. *Diod.* 12, 66.			
Première représentation des *Nuées* d'Aristophanes ; elle n'eut aucun succès. La *Pytine* de Cratinus, et le *Connus* d'Amipsias, eurent le prix (Aristoph. N., argument.). . . . . . . Darius Nothus, roi de Perse.	423	89. 1	331

	Années av. J.-C.	Olympiad. de Corœb.	Ann. de Rome.
Les *Nuées*, jouées pour la seconde fois aux Dionysiaques du Pirée avec des changemens, n'eurent pas plus de succès que la première fois. (Aristoph. N., *argumentum Nubium.*)	423	89. 2	331

Les *Guêpes* d'Aristophanes, représentées aux grandes Dionysiaques, au mois de mars. (*Guêpes*, argument.)

Incendie du *temple* de Junon. non pas à Argos, comme on le dit communément, mais dans l'Argolide, (ἐν Ἄργει) à 45 stades de la ville. Hérodote (1 , 33), à l'occasion de Cléobis et Biton, montre les Argiens allant d'Argos à leur hiéron , et faisant 45 stades de chemin. Leur *hiéron* et le *temple* qui y était renfermé n'était donc pas dans Argos. ἐν Ἄργει (*en Argei*) signifie donc l'*Argolide*, province, et non pas *Argos*, ville.

On remarquera ici mention et distinction d'*hiéron* et de *temple*. Les amis seuls des ténèbres blâmeraient cette distinction à l'aide de laquelle

Années av. J.-C.	Olympiad: de Corœb.	Ann. de Rome.
425	89. 2	331

nous avons éclairci tant de dif-
ficultés. L'incendie du temple
de Junon arriva sous le sacerdoce de Chrysis (*supr.* année
431 , mention de *Chrysis*). Sur
le fait et la cause de l'incendie,
voyez H. 1 , 33; et à la fin du
volume, l'estampe représentant
une prêtresse de l'hiéron d'Argos, arrivant à l'hiéron. Cette
prêtresse était Chrysis elle-mê-
me, suivant les uns, et suivant
d'autres, Cydippe. Sur la locution
ἐν Ἄργει, voyez H. 1 , 33; Thuc.
4, 133, et Ducker expliquant
bien ἐν Ἄργει d'après Pomponius
Méla; et de plus, Schol. Apoll.
Rhod. 5, 992. La remarque
sur ἐν Ἄργει signifiant *dans l'Ar-*
golide et non *près d'Argos*, servira de réponse à ceux qui prétendent, avec M. Letr. et autres
savans distingués, que ἐν *dans*,
signifie *près de*. Voyez dans
Thuc. 1 , 113 , 1 , ἐν Κορωνείᾳ
que Ducker eût voulu voir remplacé par ἐν Κορωνιάτιδι.

Bataille d'Amphipolis , où
périssent Brasidas , général des

	Années av. J.-C.	Olympiad. de Corœb.	Ann. de Rome.
Lacédémoniens, et Cléon, général athénien. A cette époque Amphipolis, prise, passe au pouvoir des Lacédémoniens. Leur général Brasidas est proclamé fondateur d'Amphipolis : inhumé dans cette ville, il y reçoit les mêmes honneurs qu'un fondateur de colonie; et Agnon est dépouillé de son titre d'*archegetès*. 5, 11, 1.	422	89. 3	332
Après l'affaire d'Amphipolis, la négociation de la paix devient plus facile (5, 14 et 16) : une trêve de 50 ans est conclue par Athènes et Sparte, dix ans et quelques jours après la première invasion de l'Attique. 5 18, *sq.*; *Diod.* 12, 74. . . Il s'écoula sept ans et deux mois sans que les deux peuples portassent la guerre dans le pays l'un de l'autre. Mais, au dehors, malgré cette trêve, ils se faisaient réciproquement beaucoup de mal. Aussi cet espace de sept ans et deux mois est-il regardé par Thucydide comme un temps de guerre. —	421	89. 4	333

	Années av. J.-C.	Olympiad. de Corœb.	Ann. de Rome.
Les principales villes de la Grèce, mécontentes des conditions de la trêve, se liguent entre elles : les Lacédémoniens traitent leurs alliés avec douceur, et les Athéniens, les leurs avec sévérité. *Diod.* 12, 75. . .	421	89. 4	333
Mort de Perdiccas, roi de Macédoine : Archélaüs lui succède. *Ib.* . . . . Les Olynthiens chassent la garnison athénienne de Mécyberne, et s'en emparent. *Diod.* 12, 77.	420	90. 1	334
Représentation de la *Paix*, comédie d'Aristoph. *In Pace*, 990.	419	90. 1	335
Alcibiade entre avec des troupes dans le Péloponnèse. *Diod.* 12, 78.	419	90. 2	335

Les six années écoulées depuis la paix jusqu'à la guerre de Sicile, présentent deux événemens très-remarquables : 1°. la première bataille de Mantinée (5, 65, *sq.* Voy. *infr.* ann. 362). Sur ce résultat de la perfidie d'Alcibiade, voy. Thuc. 5, 43, 45, 48, et surtout 45, qui contient

	Années av. J.-C.	Olympiad. de Corœb.	Ann. de Rome.
un trait beaucoup trop remarquable dans la vie d'Alcibiade. Voyez aussi ma dissertation sur cette bataille mémorable, dont l'illustre Barthélemy ne prononce pas même le nom, et dont Larcher, d'après Diodore, se borne à indiquer le résultat par ces seuls mots : *Les Mantinéens subissent le joug de Lacédémone.* 2°. La prise de Mélos par les Athéniens (5, 116). Lisez la fameuse conférence des Méliens et des Athéniens, à citer comme un fait important, 5, 85-111, et *Diod.* 12, 84.	418	90.3	336
Alcibiade remporte le prix aux jeux olympiques. *Corsini, fasti attici, tom.* 3, *pag.* 247. Expédition des Athéniens en Sicile. Alcibiade s'embarque avec l'armée; dénoncé peu après et rappelé, il se réfugie à Sparte. (Voyez la carte de la Sicile et le plan de Syracuses, et même ma carte générale de la Grèce.) *Thuc.* 5, 116 *et passim; Diod.* 12, 84.	416	91.1	338

	Années av. J.-C.	Olympiad. de Corœb.	Ann. de Rome.
Représentation du *Palamède* d'Euripide. « Ce poëte se proposait de rappeler Socrate et sa fin sous l'image de Palamède, que les intrigues et les calomnies d'Ulysse firent condamner à la mort. Socrate ne périt que dix-sept ans après la représentation de cette pièce, et Euripide lui-même mourut huit ans avant Socrate; mais ce grand poëte avait prévu long-temps auparavant le malheur qui arriva à son maître. » Cette note de M. Larcher me suggère la réflexion suivante : si, dix-sept ans avant la fin tragique de Socrate, Euripide, son disciple, avait pu la prévoir; comment se persuader qu'elle n'était pas prévue par Aristophanes immolant Socrate à la risée publique! Ne préparait-il pas les Athéniens à recevoir en tout temps, même vingt-quatre ans après la représentation des *Nuées,* l'arrêt qui condamna le sage athénien à boire la ciguë? Je le pense, quoi qu'en disent	415	91. 1	339

	Années av. J.-C.	Olympiad. de Corœb.	Ann. de Rome.
Brunck, et M. B. après lui. (Voyez *Valken. Diatribe in Euripidis reliquias*, p. 191.).	415	91. 1	339
Les *Oiseaux*, comédie d'Aristoph. représentée aux grandes Dionys., au mois de mars (*Avium argum.*).			
Diagoras, surnommé l'Athée, ayant été accusé d'athéisme, s'enfuit d'Athènes. Les Athéniens mettent sa tête à prix et promettent un talent (5,400 liv.) à celui qui le tuera (Diod. Sicul. 13, 6), et deux talens (10,800 liv.) à celui qui le leur amènera en vie. *Scholiast. Aristophanis in Aves*, 1072. . .	414	91. 2	340
Les Syracusains demandent du secours aux Lacédémoniens et aux Corinthiens : ils sont battus : les Athéniens le sont à leur tour.			
La trève de cinquante ans, conclue entre les Lacédémoniens et les Athéniens, finit par une rupture ouverte, après avoir duré six ans et dix mois (6, 105).	414	91. 3	340
Les Lacédémoniens s'empa-			

	Années av. J.-C.	Olympiad. de Coræb.	Ann. de Rome.
rent de Décélie, éloignée de 120 stades au plus d'Athènes (7, 19).	413	91.3	341

Naissance de Diogène de Sinope. (Voyez l'an. 323.)

L'Athénien Diitréphès marche contre Mycalesse, ville béotienne. Hommes, femmes, enfans de cette cité, tous massacrés (Thuc. 7, 29 et 30), au point que, faute de Mycalessiens qui eussent survécu au désastre général (Pausan. 1, 23, p. 53, 54), Mycalesse ne fut point reconstruite à l'époque où les Thébains rebâtirent les cités détruites par l'ennemi. L'expédition valut les honneurs d'une statue d'airain à Diitréphès, exterminateur des Mycalessiens. Nous avons fait sur cet événement militaire un mémoire que nous espérons bientôt publier ; et pour bien expliquer le récit de Thucydide, nous avons essayé d'éclaircir la topographie des environs de l'Euripe, et nous avons donné : 1°. la position d'Aulis sur laquelle étaient

	Années av. J.-C.	Olympiad. de Corœb.	Années av. J.-C.
partagés les avis des géogra-phes ; 2°. la position de Myca-lesse ; etc. etc. (Voy. au reste le rapport de l'Institut, 1ᵉʳ. juillet 1814.).	413	91. 3	341
L'armée des Athéniens est totalement défaite en Sicile. Ni-cias et Démosthène mis à mort au commencement de décem-bre (7, 86, 1). — *Ib. n°.* 4, honorables regrets de Thucydi-de sur la mort de Nicias. Ta-bleau de la situation et du dés-espoir des Athéniens (8, 1 *sq.*), opposé à celui de la joie des Péloponnésiens (8, 2 et 5).	413	91. 4	341
Alcibiade quitte le parti des Lacédémoniens qu'il redoute, et tente de revenir dans sa pa-trie (8, 45). . . . . . . Exil d'Hyperbolus : cessation de l'ostracisme. *Plutarch. in Alcib.* p. 196, 197 ; *in Niciâ*, p. 530.	412	92. 1	342
Quatre cents citoyens gou-vernent Athènes (8, 90 : Diod. 13, 34). Voy. le plan du port et du village du Pirée, considé-			

	Années av. J.-C.	Olympiad. de Corœb.	Ann. de Rome.
rés à l'époque de la domination des 400, etc., etc. . . . . . . Hyperbolus tué dans l'île de Samos (8, 73). . . . . . Représentation des *Femmes célébrant la fête de Cérès,* comédie d'Aristophanes. . . . Mort de Plistoanax, roi de Lacédémone, de la première maison. Pausanias, son fils, lui succède.	411	92. 1	343
Les quatre cents sont déposés vers le mois de juillet de la même année (8, 97). Leur gouvernement ne subsista que quatre mois : ayant commencé au mois de mars, il finit en juillet. (Harpocrat. au mot τετρακόσιοι). Voyez mon *excurs.* 1°. sur le Pirée, considéré à l'époque précitée : 2°. sur les fortifications et constructions qu'on y fit par ordre des quatre cents.	411	92. 2	343
Théopompe de Chios commence ici son histoire grecque, et la continue jusqu'à la bataille de Cnide. *Diod.* 13, 42. (Voy. l'an. 439.).	410	92. 2	344
Victoire remportée par Thra-			

	Années av. J.-C.	Olympiad. de Corœb.	Ann. de Rome.
sybule sur l'Hellespont (8, 104 *sq.*; 8, 106). Thucydide remarque l'importance de cette victoire pour les Athéniens alors consternés par leurs dés-astres en Sicile, et par leur échec en Eubée. Comment, dans ses *Époques*, M. l'abbé Barthé-lemy omet-il et cette bataille, et la première bataille de Man-tinée? (Voyez année 592, un autre exploit de Thrasybule.) Cette bataille navale des Athé-niens fut remportée sur les Lacédémoniens, par l'Athénien Thaasybule, même après la rup-ture du centre, opérée par le général Lacédémonien. (Voyez 1°. *Thuc.* 8, 104 *sq.*; 2°. *Diod.* 13, 45 *sq.*; 3°. ma géographie d'Hérodote, t. 2, p. 223 *sq.*). Secours envoyé à Pylos sous la conduite d'Hermon. (Voy. la Dissertation sur une ancienne inscription grecque ; par M. Barthélemy, p. 25.). La ville d'Himère détruite, ou du moins prise par les Cartha-ginois 240 ans après sa fonda-	410	92. 3	344

	Années av. J.-C.	Olympiad. de Coroeb.	Ann. de Rome.
tion. (Diod. 13 , 62.) D'après Diod., et surtout d'après l'*αἱροῦσιν* de Xen. (E. 1, 1, 37; t. 5, p. 21), je dis Himère *prise* et non *détruite*, quoi qu'en dise Dodwel (Xen. t. 5, B., p. 396); et j'ajoute que cette ville, ayant été prise pendant la guerre du Péloponnèse, et soumise par Annibal, sans être reprise, il conviendrait peut-être, sur les cartes postérieures à cette époque, de la ranger pour un temps au nombre des villes de la domination carthaginoise. Voyez *Thuc.* 6, 5, et 62; et *supr.* l'an 649. . . . . ,	409	92. 4	345
Prise de Pylos par les Lacédémoniens. (Diod. 13, 62, et l'*index Thucydid.*, sur le siége de Sphactérie).			
Première représentation du *Plutus* d'Aristophanes : la seconde eut lieu vingt ans après.	408	92. 4	346
Les Mèdes se révoltent contre les Perses et sont soumis. *Hérodot.* 1, 130. (Voy. la note de M. Larcher.).	408	93. 1	346
Fondation de la ville de Rho-			

	Années av. J.-C.	Olympiad. de Corœb.	Ann. de Rome.
des : ceux d'Ialysse, Linde et Camire, habitans de l'île, s'établissent à Rhodes. (Diod. 13, 75). Alors seulement commence la ville de Rhodes. Elle n'existait donc pas du temps d'Hérodote. Il ne fallait donc pas mettre une ville de Rhodes dans la géographie hérodotéenne. Naissance de Lycurgue, célèbre orateur d'Athènes. *Taylor. præf. ad Lycurgum.* . . .	408	93. 1	346
Agis Iᵉʳ. part de Décélie pour surprendre Athènes. L'ayant trouvée en état de défense, il retourne sur ses pas et ravage l'Attique, la 24ᵉ. année de la guerre du Péloponnèse. . .			
Conon remporte sur les Lacédémoniens quelques avantages; il éprouve aussi quelques revers. *Diod.* 13, 77, 78. . . . . Mort d'Euripide, vers la même année. Voy. an. 485. .	407	93. 2	347
Mort de Sophocle : il est inhumé à Décélie, dans le monument de ses ancêtres, avec la permission de Lysandre, harmoste lacéd. *Auctor vitæ Soph.*	406	93. 3	348

	Années av. J.-C.	Olympiad. de Corœb.	Ann. de Rome.
Bataille des Arginuses, où la flotte athénienne battit celle des Lacédémoniens. *Xenoph. E., I*, 6, 28, t. 5, p. 72; *Athen.* 5, 18, p. 218. Les généraux athéniens, n'ayant pas enlevé les corps des naufragés, sont condamnés à mort pour ce délit, peu après la fête des Apaturies, qui se célébrait au mois pyanepsion (novembre). *Xen.* 1, 7, 5 sq. (1).	406	93. 3	348
Les *Grenouilles*, comédie d'Aristophanes, représentée au mois anthestérion (février). (*Aristoph.*, Gren., argument.) Denys l'ancien, monte sur le trône de Syracuses. *Diod.* 13, 95.	405	93. 3	348
Victoire de Lysandre sur les Athéniens à Ægos-Potamos. *Xen. E.*, 2, 1, 21 sq. t. 5, p. 111; *Diod.* 13, 106.	405	93. 4	349

(1) Dans le récit de cette bataille, Xénophon se montre trop avare d'éloges envers les Athéniens qui, attérés par leurs désastres en Sicile, se couvrirent de gloire aux Arginuses, et reprirent la prééminence pour quelque temps. Le récit de Diodore (13, 98 sq.) suppléera à la partialité de Xénophon.

	Années av.J.-C.	Olympiad. de Corœb.	Ann. de Rome.
Mort de Darius Nothus ; Artaxerxès Mnémon lui succède.	404	93.4	35o

Le poëte Antimachus fleurit. *Diod.* 13, 108.

Prise d'Athènes et démolition de ses murs, vers la fin de l'année. A partir d'ici (ol. 93, 4, an. 404), commencent une période et une guerre qui finissent à la paix d'Antalcide, ol. 98, 2. (Voy. Xén. Hellen. 2, 2, 24, t. 5, pag. 129 et *infr.* an. 387.)

Lysandre établit à Athènes trente magistrats connus sous le nom des *trente tyrans* (Xén. E., 3, 11) Époque où finit la guerre du Péloponnèse, dans la chronologie de Léunclave. (Voy. 1°. t. 5. p. 800 ; et au même tome, *mes Observations préliminaires*, p. 2 et 3 , où je m'efforce de concilier entre eux Thucyd. et Xén. 2°. *Barth. Anach.* t. 1, p. 4.).

Lycophron, père de l'orateur Lycurgue est mis à mort par les trente tyrans. *Taylor prœfat. ad Lycurg.*

	Années av. J.-C.	Olympiad. de Corœb.	Ann. de Rome.
Cette année où s'établit l'oligarchie ou gouvernement des trente, est nommée anarchique par Xénophon. E., 2, 3, 1 *sq.* La tyrannie des trente abolie, huit mois après leur institution.	404	94. 1	350

La démocratie rétablie à Athènes et amnistie proclamée. Archontat d'Euclide. Il fut ordonné, sous l'archontat d'Euclide, sur la proposition d'Archinus, qu'on se servirait des voyelles longues dans les inscriptions, et dans la transcription des lois. Ces voyelles n'étaient en usage auparavant que dans l'écriture cursive. Par exemple, dans le marbre de Choiseul, qui est de l'an 410 avant notre ère, on lit, επι τες Βολες Κλεογενες πρωτος, pour επ της Βουλης Κλεογενης πρτος. Voy. aussi Suidas aux mots Σαμίων ὁ δῆμος ; *Valerius in notis ad Maussac.* p. 102). Cet Euclide est probablement celui qui fut l'un des trente tyrans (Xén. E. 2, 3, 2), et qui amassa une biblio-

	Années av. J.-C.	Olympiad. de Corœb.	Ann. de Rome.
théque considérable. *Athén.* 1, 11, p. 3, *A.*	403	94. 2	351
Commencement de l'expédition des dix mille, dans l'Asie supérieure, sous le commandement de Cyrus le jeune : ils partent d'Éphèse au commencement d'avril. — Cyrus, fils de Dariæus Ochus et de Parysatis (Ctésias., H. de Larch. t. 6, p. 242 *sq.*), avait aidé Lacédémone à détruire la démocratie (Thuc. 2, 65, 9). En conséquence, il avait demandé des secours à Lacédémone, et les avait obtenus. *Diod.* 14; 19; *Xen. Anab.* t. 3 et 4 de mon édit. .	401	94. 3	353
Cette retraite des dix mille Grecs, des bords de l'Euphrate dans la Grèce, à travers de vastes pays occupés par des ennemis armés contre eux, est un des plus glorieux événemens de leur histoire. Artaxerxès, que l'on a surnommé *Mnémon* à cause de sa prodigieuse mémoire, avait pour concurrent au trône de Perse, son frère Cyrus, que l'on a surnommé *le*			

	Années av. J.-C.	Olympiad. de Coræb	Ann. de Rome
Jeune. Celui-ci demanda du secours aux Grecs, qui lui en envoyèrent. Les deux frères se battirent près de l'Euphrate à *Cunaxa*, et Cyrus y fut tué de la main d'Artaxerxès. . . .	4o1	94. 3	353
Les Grecs n'eurent plus qu'à se défendre et à se retirer : ils y réussirent, et furent ramenés sur les bords du Pont-Euxin, sous la conduite de Xénophon, alors un de leurs généraux. Ils s'embarquèrent et revinrent dans leur patrie. C'est ce même Xénophon qui a écrit en grec l'histoire de cette expédition.			
Bataille de Cunaxa sur la fin d'octobre. Les Grecs du parti de Cyrus le jeune sont victorieux; mais ce prince est battu de son côté, et il périt dans l'action. (Voy. sur la retraite des dix mille, mon *Philologue*, t. 3, p. 3g3, et surtout t. 7, p. 1 *sq. obs. hist. et géogr.* ; et *Auctarium Xenoph.* t. 1, p. 33g *sq.*). .	4o1	94. 4	353

	Années av. J.-C.	Olympiad. de Corœb.	Ann. de Rome.

4ᵉ. SIÈCLE.

	Années av. J.-C.	Olympiad. de Corœb.	Ann. de Rome.
Les dix mille arrivent en Arménie au commencement de février.	400	94. 4	353
Les dix mille arrivent à Cotyore au commencement de juillet.	400	95. 1	354
Les mêmes entrent au service de Seuthès, roi de Thrace, au commencement de décembre, servent deux mois sous Seuthès; et deux autres mois après, c'est-à-dire, au commencement d'avril, ils se joignent à l'armée de Thimbron, général lacédémonien. Mémoires de l'Académie des belles-lettres, t. 46, p. 14 *sq*. . . . . Agis Iᵉʳ. roi de Lacédémone, de la seconde maison, meurt de maladie. Agésilas, son frère, lui succède. . . . . . Psammétichus, descendant de Psammétichus qui régnait en Égypte l'an 671, et 656, avant J.-C., roi, ou plutôt satrape d'Égypte pour Arta-	399	95. 1	355

Années av. J.-C.	Olympiad. de Corœb.	Ann. de Rome.
399	95. 1	355

xerxès Mnémon, fait égorger Thamos, son bienfaiteur, avec ses enfans, et s'empare de ses richesses et de sa flotte. *Diod.* 14, 35.

Mort de Socrate (vers le mois de juin), sous l'archontat de Lachès. *Aristid. orat. Platonic.* 2, t. 3, p. 474. *ex edit. Canteri. Marm. Oxon. Epoch.* 67. (Voy. l'an. 469.)

Socrate est le premier philosophe qui, chez les Grecs, se soit occupé de la pratique et de l'enseignement de la morale; car, jusqu'à son temps, les philosophes s'étaient occupés de sciences. Il était fils d'un sculpteur, et avait d'abord exercé cet art. Entraîné par son goût pour la vérité, il fit d'abord la guerre aux sophistes qui se faisaient un mérite d'abuser de l'art du raisonnement pour prouver, dans les différentes questions, le *pour* et le *contre*; ensuite il attaqua les opinions fausses en elles-mêmes, et soutenues vraies par des hommes peu éclairés

	Années av. J.-C.	Olympiod. de Cœræb.	Ann. de Rome.

ou intéressés à soutenir leur crédit. Mais, dans cette carrière honorable, il blessa tant d'amours-propres , et se fit tant d'ennemis, que, sur de fausses accusations d'impiété , il fut condamné à la mort qu'il reçut en buvant un verre de ciguë. Cependant, mais trop tard, son innocence ayant été reconnue, ses accusateurs devinrent en horreur au peuple et sa mémoire fut réhabilitée.   .   .   . | 399 | 95. 1 | 355

Thimbron est rappelé : Dercyllidas prend le commandement des troupes lacédémoniennes. Conon est nommé général des forces maritimes des Perses. *Diod.* 14, 38.   .   .

La catapulte inventée, ou plutôt perfectionnée, à Syracuses (Diod. 14, 42). Cette invention, dit Wess., dut être inconnue au siége de Platée (Thuc. 2 , 76), et au siége de Syracuses. *Diod. ibid.*   .   .   .   .   . | 399 | 95. 2 | 355

Ctésias finit ici son histoire de Perse.   .   .   .   .   .   .

Philoxène, Cythéréüs , Ti-

	Années av. J.-C.	Olympiad. de Corœb.	Ann. de Rome.
mothée de Milet, Télestès de Sélinunte, excellens poëtes dithyrambiques , fleurissent en ce temps, ainsi que Polyéidus , habile musicien et grand peintre. François Junius a oublié ce peintre dans son catalogue des artistes. *Ibid.* 46.	398	95. 3	356
Agésipolis Ier. roi de Lacédémone , de la première maison.	397	95. 3	357
Denys déclare la guerre aux Carthaginois , remporte différens avantages , et prend sur eux la ville de Motya après une vigoureuse défense. *Diod.* 14 , 48 *sq.*	397	95. 4	357
Sophocle , fils d'Ariston , poëte tragique, ainsi que son grand-père , fait représenter sa première pièce : il remporte douze fois le prix sur ses émules. (Diod. 14 , 53.) Suidas prétend qu'il était fils de Sophocle , et non son petit-fils.	396	95. 4	358
Euclide de Mégare , disciple de Socrate et chef de la secte mégarique, fleurit vers l'an..... on ne sait en quel temps placer			

	Années av. J.-C.	Olympiad. de Corœb.	Ann. de Rome.
sa naissance et sa mort. *Cic. Acad.* 2, 42. . . . . . . Xénophon , proclamé aux jeux olympiques pour avoir sauvé les dix-mille. *Simplicius sur Épict. éd. de* M. Schweigh. Naissance du philosophe Xénocrates. (*Voy.* ann. 339 et 314.).	396	96. 1	358
Sous Diophante , 289ᵉ. archonte, on distribue six oboles (18 sous) à chaque citoyen, pour voir les pièces de théâtre, au lieu de trois qu'on leur donnait auparavant. *Hesych.* voc. δραχμή. *Harpocr.* voc. θεωρικά.	394	96. 2	360
Conon , aidé par les Perses, remporte à Cnide, sur les Lacédémoniens, une victoire navale: ceux-ci perdent l'empire de la mer. (Lysias, de Aristoph. bonis, p. 342; Xénoph. E. 4, 3, 6). Méprise de Diodore, plaçant ces faits sous l'archontat de Diophante. — A partir de cette époque, l'histoire décrit trois batailles, celles de Némée, de Cnide, de Coronée. (*Voy. Phil.*			

	Années av. J.-C.	Olympiad. de Corœb.	Ann. de Rome.
t. 1, p. 64 *sq.*) Ces trois batailles forment ce que les uns nomment guerre béotique ; et les autres, guerre corinthienne. (*Phil.* t. 1, p. 95 *sq* ; et mon *Xén.* t. 5, 6, p. 419 *sq.*). . . . . . . L'historien Théopompe termine ici son histoire grecque : elle comprend 17 années. *Diod.* 14, 84. (Voyez l'an 410.). . Éclipse de soleil le 14 août. (Xénoph. E., 4, 3, 10, t. 5, A., pag. 347. — Voyez le père Pingré, Mém. de l'académie des belles-lettres, tom. 42, hist., pag. 128.). . . . . . . Sédition à Corinthe. *Xen.* 4, 4, 1.	394	96. 3	360
Conon rétablit les murs du Pirée. *Xen. E.* 4, 8, 9 ; *Diod.* 14, 35. . . . . Agésilas, roi de Lacédémone, défait les Thébains à Coronée. Dans cette bataille mémorable périt l'Athénien Tolmidès(Diod. 12, 6), brûlant de marcher sur les traces de Myronidès. (*supr.* ann. 457.) Le lieu de la bataille, Coroné et Chéronée, l'époque de	393	96. 4	361

	Années av. J.-C.	Olympiad. de Coroib.	Ann. de Rome.
la bataille et celle de la mort de Tolmidès; les différences existantes entre le récit de Diodore et celui de Xénophon pourraient donner lieu à d'intéressantes recherches. (Voy. 1°. Thuc. 1, 113, et ses annotateurs; 2°. Xen. t. 5, A, p. 354; et t. 5, B, p. 418; 3°. Diod. L. L., 4°. *Phil.* t. 1, p. 80, *sq.*) Soumettre à un examen critique les récits parallèles de Xénophon, Diodore et autres, serait une tâche bien utile à remplir.	393	96. 4	361
Statue élevée à Solon, dans l'île de Salamine. (Æsch. contre Timocrat. p. 4, l. 27.). .	392	96. 4	362
Les Athéniens sous la conduite de Thrasybule, se rendent maîtres d'une partie de Lesbos. *Diod.* 14, 94.	392	97. 1	362
Évagoras, descendant de Teucer, qui se distingua à la guerre de Troie, recouvre le royaume de Cypre, après une guerre de dix ans contre Artax. Mnémon. (Voy. panég. d'Isoc., troisième édition de Morus, préface, p. 17; et *Diod.* 15, 98.)	391	97. 2	363

	Années av. J.-C.	Olympiad. de Coroeb.	Ann. de Rome.
Mort de Thucydide. *Xen.* t. 5, B, p. 44.	391	97. 2	363
Représentation des *Femmes tenant l'assemblée du peuple*, comédie d'Aristoph. *Sam. petiti miscell.* 1, 15.	390	97. 2	364
Acrion et Echécrates de Locres, philosophes pythagoriciens, fleurissent. *Cicero, de Finibus Bonor. et Malor.* 5, 29; *Valer. Max.* 8, 7, 3. *Extern.* Archytas de Tarente fleurit. Antipater de Cyrène, disciples d'Aristippe. *Diogen. Laert.* 2, 86.	390	97. 3	364
Seconde représentation du *Plutus* d'Aristophanes. (Voyez l'an 408.).	388	97. 4	366
Vers de Denys le tyran sifflés à l'Olympie. *Diod.* 14, 109. .	388	98. 1	366
Paix d'Antalcidas entre les Perses et les Grecs. Cette paix d'Antalcide, si ignominieuse pour les Hellènes, fut la première paix conclue entre Lacédémone, Athènes et leurs alliés, après la guerre qui suivit la démolition des murs d'Athènes. (Voy. *supr.* an. 404.). . . .	387	98. 2	367

	Années av J.-C.	Olympiad. de Corœb.	Ann. de Rome.
Évagoras, roi de Cypre, victorieux sur terre, est vaincu sur mer par les Perses. Assiégé dans sa capitale, il laisse le commandement à son fils Pythagore, et se retire en Égypte, où il s'abouche avec le roi de ce pays. *Diod.* 15, 2, *sq.* . . Les Lacédémoniens assiégent Mantinée, malgré le traité de paix. *Diod.* 15, 5.	386	98. 3	368
Naissance de Démosthène. *Plutarch. in vitâ* X *Rhet. pag.* 485, *D.* (Voy. ann. 364.). . Prise de Mantinée par les Lacédémoniens. *Diod.* 15, 12. Évagoras fait sa paix avec le grand roi, qui se contente de lui imposer un tribut. *Idem, ibid. sq.*	385	98. 4	369
Naissance d'Aristote. *Dionys. Halic. epist.* 1 *ad Amm. t.* 2, *pag.* 193.	384	99. 1	370
Denys le tyran, sous prétexte de purger la mer de pirates, passe dans l'Étrurie, pille l'*hiéron* de Diane Illithie, fondation des Pélasges, *hiéron* très-riche, à Pyrges, port de la ville			

	Années av. J.-C.	Olympiad de Corœb.	Ann. de Rome.
d'Agylle. Le butin se montait à 500 talens (2,500,000 liv. de notre monnaie). *Idem, ibid.*	384	99. 1	370
Denys le tyran remporte une victoire signalée sur les Carthaginois : Magon, leur général, périt dans l'action. Denys accorde quelques jours de trêve aux Carthaginois. La trêve expirée, il y eut une seconde action, où Denys fut entièrement défait.	383	99. 2	371
Phébidas s'empare de la Cadmée, citadelle de Thèbes : les Lacédémoniens condamnent ce général à une amende; mais ils gardent la citadelle. *Diod.* 15, 20; *Xenoph. E.*, 5, 2, 16, *t.* 5, *pag.* 492 *sq.*	382	99. 3	372
Les Lacédémoniens font la guerre aux Olynthiens qui se contentent de les harceler sans en venir à une action décisive.	381	99. 4	373
Ici M. Larcher cite un fait isolé d'après Diodore. Mais il fallait citer non un petit fait isolé, mais une guerre dite olynthiaque par Diodore lui-même (*ib.*), ou plutôt il con-			

	Années av. J.-C.	Olympiad. de Corœb.	Ann. de Rome.
venait d'accorder les honneurs	381	99. 4	373

venait d'accorder les honneurs d'une mention plus étendue à une cité si fameuse, connue par ses rapports avec Athènes, avec Sparte, avec le grand roi, et dont parlent Hérodote, Thuc., Xénophon, Diodore, et surtout Démosthène.

Olynthe, cité agricole, commerçante, la plus grande de toute l'*Épi-Thrace* (1), ou littoral de la Thrace heureusement située au centre de la Chalcidique (2) et voisine du mont Pangée dont elle convoitait et les bois de charpente et les mines; Olynthe, fatiguée d'alliances temporaires tantôt avec Sparte et tantôt avec Athènes, encouragée d'ailleurs et par sa puissance et par la faiblesse de

(1) Et non de la Thrace, comme le dit fautivement ma version de Xénophon (t. 5, p. 482), malheureusement conforme sur ce point, à la tradition scholastique.

(2) La Chalcidique était composée de villes confédérées, parmi lesquelles (dit Olivier, hist. de Philip., t. 1, p. 12) Olynthe tenait le même rang qu'Amsterdam parmi les villes des Provinces-Unies. Voy. politique d'Aristote.

	Années av. J.-C.	Olympiad. de Coræb.	Ann. de Rome.
la Macédoine, maîtresse et de	381	99. 4	373
Pella, capitale de la Macé-			
doine, et de Potidée (1),			
située sur l'Isthme de la Pallène,			
assurée d'avance de la soumis-			
sion des villes de la Pallène (2),			
Olynthe aspirait à l'indépen-			
dance, lorsque les Lacédémo-			
niens, inquiets de cette puissan-			
ce naissante au milieu de l'Hel-			
lade (3), sollicités d'ailleurs par			
Acanthe (4) et Apollonie, villes			

---

(1) Potidée appartenait aux Olynthiens, non-seulement du temps de Démosthène (*adversus Aristocr.*), mais encore du temps de Xénophon. (E. , 5, 2 , 15 , t. 5, A, p. 485.)

(2) Litt. des villes situées dans l'intérieur de la Pallène (ἐντὸς ταύτης) , et non les villes de l'Isthme, idée fausse que j'ai donnée à l'époque où , comme presque tous mes confrères les traducteurs, je traduisais les passages géographiques sans rapprocher les textes des cartes.

(3) Πρᾶγμα φυόμενον ἐν τῇ Ἑλλάδι. Xen. E, t. 5, A, p. 482.

(4) Des récits comparés de Thuc. et de Xén. me portent à croire qu'Acanthe est plus au midi qu'on ne le prétend. Est. de Byz., et, d'après lui, Tourreil, le respectable abbé Auger, M. Larcher et tant d'autres, appellent Acanthe ville *de Thrace*, πόλις Θράκης. Dites avec Xén. πόλις ἐπὶ Θράκης, *ville de l'Épi-Thrace* ou *du littoral de la Thrace*. Xén. tom. 5, A, pag. 482.

	Années av. J.-C.	Olympiad. de Corœb.	Ann. de Rome.
rivales et voisines d'Olynthe (1)	381	99.4	373

rivales et voisines d'Olynthe (1)
déclarèrent la guerre à Olynthe. A la suite d'un siége opi-
niâtre de près de deux ans, les
Olynthiens, réduits par la famine, demandèrent la paix aux
Lacédémoniens, avec lesquels
ils firent alliance offensive et
défensive. (Voy. Xénoph. 5, 2,
26, tom. 5, A, p. 525; Diod.
15, 19 *sq.*; et notre *Exc.* siège
de Potidée.) Comme on le voit
d'après cet article, où nous
corrigeons diverses méprises,
les nôtres surtout, l'article de
Larcher sur les Olynthiens était,
en conscience, plus qu'incom-
plet.

---

(1) Περὶ τὴν Ὄλυνθον je dis *voisines d'Olynthe.* Mais le génie de
la langue permettrait de traduire encore *villes de l'Olynthie.*
Des notions topographiques positives peuvent seules lever
l'équivoque et appuyer la version *villes de l'Olynthie.* Au
reste, Olivier (hist. de Philippe, t. 2, p. 6) favorise la dernière version : car, après avoir indiqué les possessions des
Olynthiens, il ajoute : « Le pays entier s'appelait indiffé-
remment les terres Olynthiennes du nom d'Olynthe, ou Chal-
cidiennes du nom de Chalcide en Eubée, qui avait fondé
Olynthe. »

	Années av. J.-C.	Olympiad. de Corœb.	Ann. de Rome.
Agésipolis Iᵉʳ., roi de Lacédémone, étant mort, son frère Cléombrote lui succède, et règne neuf ans. Polybiadas, nommé général contre les Olynthiens, a sur eux différens avantages. *Diod.* 15, 23.	380	100. 1	374
L'orateur Lysias meurt âgé de 80 ans. *Diony.* | *Halic. in Lysia,* 100, 12. (Voyez ann. 459.).			
Cléombrote, roi de Lacédémone, engage Sphodriade à s'emparer du Pirée sans le consentement des éphores. Celui-ci assemble dix mille hommes; mais les Athéniens, ayant pressenti son dessein, le font avorter, puis intentent une accusation à Sphodriade devant le sénat de Sparte : il est absous. *Diod.* 15, 23.	379	100. 2	375
Pélopidas part d'Athènes, avec les réfugiés de Thèbes: les Lacédémoniens sont chassés de Thèbes.	377	100. 3	376
Chabrias soumet Péparèthe, Sciathos et les autres Cyclades			

	Années av. J.-C.	Olympiad. de Coroeb.	Ann. de Rome.
attachées au parti lacédémonien. *Diod.* 15, 28. . . .	377	100. 4	377
Anaxandrides, poëte de la moyenne comédie, remporte le prix sur ses émules. Il est auteur de soixante-cinq comédies. Il ne reste plus que les titres de vingt - huit de ces pièces. *Marmo. Oxon. Epoch.* 71.	376	100. 4	378
Bataille navale auprès de Naxos, où Chabrias, général des Athéniens, défait les Lacédémoniens. *Diod.* 15, 34. . Timothée, général athénien, s'empare de l'île de Corcyre et défait la flotte lacédémonienne près de l'île de Leucade. *Diod. ib.; Xenoph. E.*, 5, 4, 63 *sq. et Lexic. Xen.*	376	101. 1	378
Eubulus d'Athènes, poëte de l'ancienne et de la moyenne comédie. Suidas lui attribue cinquante pièces de théâtre : Meursius cite les titres d'une soixantaine. Il nous reste des fragmens de quelques-unes de ces pièces. *Diod.* 15, 36. . .	375	101. 1	379
Artaxerxès Mnémon, roi			

	Années av. J.-C.	Olympiad. de Corinth.	Ann. de Rome.
de Perse, pacifie la Grèce : les Lacédémoniens conservent l'empire de la terre, les Athéniens celui de la mer. *Diod.* 15, 15, 38.	375	101. 2	379
Le roi de Perse envoie une armée pour réduire les Égyptiens qui s'étaient révoltés. Pharnabaze commande les troupes de terre, Iphicrate celles de mer : expédition infructueuse par la mésintelligence des chefs. On accuse Iphicrate de son peu de succès. Les Athéniens, persuadés de son innocence, lui continuent le commandement de la flotte. *Diod.* 15, 41 *sq.* . . . . Iphicrate substitue le pelte au bouclier des hoplites, et perfectionne différentes choses relatives à l'art militaire. *Diod.* 15, 44. . . . . Évagoras, roi de Cypre, est tué par un eunuque. Nicoclès, son fils, lui succède. *Diod.* 15, 47, *et not. Wessel.* (Voy. ann. 1270.	374	101. 3	380

Platée détruite pour la deu-

	Années av. J.-C.	Olympiad. de Corœb.	Ann. de Rome.
, xième fois par les Thébains, la troisième année avant la bataille de Leuctres. (Paus. 9, 1, pag. 713.) Ce fait nécessite une note. Nous voyons, dans Thucydide (3, 68), Platée rasée jusqu'en ses fondemens. Le même auteur (5, 17) nous représente les Athéniens réclamant Platée. Sur les débris de l'ancienne s'était apparemment établie une nouvelle ville composée de ceux des Platéens qui avaient favorisé Thèbes. C'est la destruction de cette nouvelle Platée qu'annonce M. Barthélemy, d'après Diodor. 15, 46. (Voyez Xénoph. E., 7, 3, 1, t. 5, pag. 615, et *supr.* ann. 427.). . . . . Naissance du peintre Protogènes. *Plin. H. N.* 35, 11. . Tremblemens de terre dans le Péloponnèse. Les villes d'Hélice et de Bura sont renversées. *Paus.* 7, 25, *p.* 588, 589. .	373	101. 4	381
Artaxerxès engage les Grecs à faire la paix. Ils y consentent, excepté les Thébains. *Diod.* 13,	372	101. 4	382

	Années av. J.-C.	Olympiad. de Corœb.	Ann. de Rome.
5o ; *Denys. d'Halic. in Lysiâ*, 12.	372	102. 1	382
Apparition d'une comète. (Marm. Oxon. Epoch. 72 ; Diod. 15, 5o.) Les marbres d'Oxford la mettent l'année précédente. Naissance de Théophraste. (Voy. ann. 286.).	371	102. 1	383
Bataille de Leuctres, le 8 juillet. Les Thébains, conduits par Épaminondas, battent les Lacédémoniens, commandés par Cléombrote, qui est tué. Diod. (15, 51, *sq.*; Marmora Oxon. Epoch. 73 ; Xén. E. , 6, 4, 4 et 16, p. 645) garde sur le nom d'Épaminondas, vainqueur de Leuctres , un silence difficile à justifier. (Voy. *infr.* les 7ᵉ. et 8ᵉ. estampes de l'hist. grecque.)	371	102. 2	383

Épaminondas. Ce général était un Thébain distingué par de grandes qualités. Il vainquit les Lacédémoniens à la bataille de Leuctres (en 371), et les força en 370 à consentir au retour des Messéniens dans leur patrie. Ce fut aussi ce grand homme qui démontra aux Arca-

	Années av. J.-C.	Olympiad. de Corœb.	Ann. de Rome.
diens que le peu de succès de	371	102. 2	383

leur défense contre les Lacédémoniens était surtout causé
par le peu d'union qui régnait
entre eux. Il y avait en Arcadie
un nombre considérable de
petites villes que l'ennemi atta-
quait les unes après les autres,
et dont il était toujours vainqueur. Épaminondas leur conseilla d'abandonner les moins
fortes de ces villes, et d'en con-
struire une dans laquelle ils
renfermeraient une nombreuse
population. Ce fut *Mégalopolis*
(ou la grande ville), dans la
partie méridionale de l'Arcadie.
(M.)

Agésipolis II lui succède : il
ne règne qu'un an. *Paus.* 3, 6.

Fondation de la ville de
Mégalopolis en Arcadie, quel-
ques mois après la bataille de
Leuctres. *Paus.* 8, 27, *p.* 655.

Alexandre, fils d'Amyntas,
roi de Macédoine. *Marmora
Oxon. Epoch.* 73.

Les Messéniens rétablis dans
leur patrie (Paus. 4, 27. Dio-

	Années av. J.-C.	Olympiad. de Corœb.	Ann. de Rome.
dore de Sicile place ce rétablissement l'année suivante, sous l'archontat de Lysistrate. *Paus.* 15, 66; *et Plutarch. vit. Agés.* C. 40. (Voy. dans mon Xénoph. t. 5, B, p. 465, les conjectures de Dodwel sur l'époque du rétablissement de la Messénie par Épaminondas.).			
Cléomène, frère d'Agésipolis II, lui succède : il règne soixante ans et quelques mois. *Diod.* 20, 29.	370	102. 3	384
Mort de Jason, tyran de Phères et, de plus, *Tage* de la Thessalie. (Xén. E., 6, 4, 20 — 32, t. 5, p. 656.) — Xénophon (E, 6, 1, t. 5, p. 580) prouve que les Dolopes et les Maraces étaient comme enclavés dans la Thessalie, ou du moins dépendans de la Thessalie.			
Expédition d'Épaminondas dans la Laconie. Les Athéniens, commandés par Iphicrate, vont au secours des Lacédémoniens, et reviennent sans avoir rien fait de mémorable. *Diod.* 15,			

	Années av. J.-C.	Olympiad. de Corœb.	Ann. de Rome.
63, 65; *Xen. E.*, 6, 5, 39 — 42, *t.* 5, *p.* 699 *sq.* . . . . *Mouvemens d'Agésilas devant Mantinée.* (Voyez mon *Auct. Xenoph. p.* 455, et la carte dans l'atlas, et Xen. t. 5, A., p. 673.).	369	102. 4	385
Apharée, fils adoptif d'Isocrate, publie trente-huit tragédies. La première parut sous l'archontat de Lysistrate : la dernière sous celui de Sosigènes. *Plutarq. in Isocr. vitâ,* p. 339, *D.*	368	102. 4	386
Eudoxe de Cnide florissait. *Diog. Laërt.* 8, 90. . . . Décret de Phocus, qui ordonne que la fête des Apaturies sera célébrée pendant cinq jours. *Athen.* 4, 21. . . .	368	103. 1	386
Mort de Denys l'ancien, roi de Syracuses. Son fils, de même nom, lui succède au printemps. *Diod.* 15, 73.	367	103. 1	387
Les Argiens font la guerre aux habitans de Phlionte : les Athéniens envoient Charès au secours de ceux-ci. Charès remporte deux victoires sur les Ar-			

	Années av. J.-C.	Olympiad. de Corœb.	Ans. de Rome.
giens, et revient à Athènes, après avoir délivré les Phliontins. (Diod. 15, 75.) Si l'on veut intéresser sur le siége de Phlionte, voyez non pas Diodore seulement, mais Xénophon, qui raconte dans un grand détail l'histoire des Phliasiens et leur premier siége de vingt mois, terminé par Agésilas (Xén. E., 5, 3, 25); et leur second siége décrit avec tant de soin, et qui fut la punition de leur attachement à Lacédémone après la bataille de Leuctres. *Xen. E.*, 7, 2, 1 *sq.* . . .	367	103. 2	387
Aristote, âgé de dix-huit ans, s'attache à Platon et suit ce philosophe pendant vingt-huit ans. *Denys d'Halic. Epist. ad Amm.* 5, p. 194.			
Thémison et Théodore, tyrans d'Érétrie, s'emparent de la ville d'Orope, qui appartenait aux Athéniens. Ceux-ci volent au secours d'Orope; mais se voyant abandonnés de leurs alliés, ils se retirent, et confient Orope aux Thébains qui la gardent			

	Années av. J.-C.	Olympiad. de Corœb.	Années av. J.-C.

pour eux. *Diod.* 15, 76; *Xen.* 7, 4, 1 *sq.*, *t.* 5, *A.*, *p.* 776; *Demosth. pro cor. p.* 153, *segm.* 176. . . . . **366 | 103. 3 | 388**

Les Éléens se battent avec acharnement dans l'Olympie contre les Arcadiens, qui se disposaient à célébrer les jeux olympiques avec les Pisates, lesquels prétendaient avoir eu les premiers la présidence de l'hiéron. Ici encore citons Xénophon qu'on a oublié et qui néanmoins entre dans de grands détails sur ce combat livré dans l'hiéron même. (Xén. E., 7, 4, pag. 798.) Les Grecs assemblés pour la célébration des jeux, la couronne sur la tête, selon l'usage, tranquilles spectateurs du combat, applaudissent aux actes de valeur de l'un et l'autre parti. Ceux de Pise ayant remporté la victoire et présidé aux jeux, les Éléens ne comptent pas cette olympiade. *Diod.* 15, 77. . . . . **364 | 104. 1 | 390**

Les Thébains détruisent la

	Années av. J.-C.	Olympiad. de Corœb.	Ann. de Rome.
ville d'Orchomène. *Diod.* 15, 79. . . . . Pélopidas attaque et défait Alexandre, tyran de Phères, et périt lui-même dans le combat. *Diod.* 15, 80. . . . . . Démosthène, devenu majeur, intente un procès à ses tuteurs, pour lui avoir rendu un compte infidèle de ses biens. *Plutarch. in vitâ* X. *Orat. p.* 844, *C.* .	364	104. 1	390
Héraclide de Pont, disciple de Platon. *Cic. Tuscul. disput. l.* 5, 3.	363	104. 2	391
Les Arcadiens et leurs alliés excitent les Thébains à ne pas s'en retourner qu'ils n'aient fait une irruption sur la Laconie. Elle était de difficile accès. Un nouveau Léonidas, le vieux Ischolaüs, avec 400 braves était à Io dans la Sciritide, et gardait les défilés (Xén. E. , t. 5, A. , p. 678, 681). Xénophon, qui n'aimait pas ce qui formait obstacle à la gloire d'Agésilas et de ses chers Lacédémoniens, ne s'est point chargé de transmettre à la postérité le souvenir			

	Années av. J.-C.	Olympiad, de Corœb.	Ann. de Rome.
du dévouement d'Ischolaüs. (Voy. notre neuvième estampe des Helléniques.).	363	104. 2	391
Deuxième bataille de Mantinée. Épaminondas y périt de la main de Gryllus, fils de Xénophon, le 12 du mois scirophorion (14 juin, selon M. Larcher; 5 juillet, suivant M. Barthélemy). (Pausan. 9, 15, pag. 741; Xén. E., 7, 5, 20, p. 823 *sq.*). Sur la première bataille de Mantinée, mal expliquée jusqu'à ce jour, Voy. *Phil.* t. 1, p. 26, et sur cette seconde bataille de même nom, mal commentée par Follard, *Philol.* t. 4, p. 168. Voy. aussi le sommaire pag. 5 de mon *Archidamus d'Isocrate*, et *supr.* ol. 90, 3, et la trad. fr. de Strabon, t. 3, p. 437.). . . .	362	104.2	392
Ici finissent les Helléniques de Xénophon c'est-à-dire que Xénophon, embrasse un espace de 46 ans au delà de la guerre du Péloponnèse.			

	Années av. J.-C.	Olympiad. de Corœb.	Ann. de Rome.
Agésilas, roi de Lacédémone de la deuxième maison, meurt en Égypte. *Diod.* 15, 93. . .	362	104.3	392
Archidamus II, son fils, lui succède. *Diod.* 15, 93. . . / Mort d'Artaxerxès Mnémon, roi de Perse. Ochus lui succède.	361	104.3	393
Alexandre, tyran de Phères, s'empare de Péparèthe, bat les Athéniens sur mer ; ceux-ci destituent Léosthène, et le remplacent par Charès, lequel va à Corcyre et y occasione le pillage et le meurtre. *Diod.* 15, 95. .	361	104.4	393
Mort de Xénophon. (Voy. ann. 356, et *Diog. Laërt.* 3, 56.). / Philippe monte sur le trône de Macédoine (*Diod.* 17, 2). Il fait la paix avec Athènes. .	360	105.1	394
Denys le jeune, tyran de Syracuses, médite la mort de Dion qui s'enfuit de Sicile. — Guerre sociale. Chios, Rhodes, Cos et Byzance abandonnent Athènes. Charès et Chabrias attaquent Chios par terre et par mer : Chabrias périt dans le port. (*Diod.* 16, 7.) Charès protégé			

	Années av. J.-C.	Olympiad. de Corœb.	Ann. de Rome.
par Démosthène et par quelques autres orateurs ; Charès, vain, ignorant et fripon (Barthel., t. 5, p. 172), le contraire de Phocion, donne des fêtes et on oublie qu'il est fripon : il se moque de république, et on le lui pardonne (*ib.* p. 173, et t. 2, p. 480). Il est chargé d'une mission ; il ne daigne pas donner de ses nouvelles, et pour en avoir, on fait partir un bâtiment léger avec ordre de courir les mers (*ib.* t. 5, p. 173). Ce Charès n'est pas celui qui a été battu à Chéronée par Philippe (*ib.* 7, 95). Rollin ne parle que de ce dernier.	358	105. 3	396
Dion s'embarque à Zacynthe pour la Sicile au mois d'août : son expédition en Sicile. *Diod.* 16, 9.			
Alexandre, tyran de Phères, assassiné par sa femme Thébé et par ses beaux-frères Tisiphonus, Pitholaüs et Lycophron. *Xen. E.*, 6, 4, 36; *Diod.* 16, 14 ; *Plut. vie de Pélop. p.* 297.	357	105. 4	397
Fin de la guerre sociale : elle			

	Années av. J.-C.	Olympiad. de Corœb.	Ann. de Rome.
dura trois ans. *Diod.* 16, 22.	356	106. 1	398

Commencement de la troisième guerre sacrée. (Voy. 1°. les notes de MM. Larch., et Sainte-Croix; 2°. Barth. t. 7, époques, pag. 17; le Démosthène de Tourreil, tom. 2, pag. 539; 4°. Rollin, tom. 6, pag. 40; 5°. *supr.* année 600, on y fait le récit des trois guerres sacrées.

Alexandre naît pendant la célébration des jeux olympiques, le jour même où Ératostrate incendia le temple de Diane à Éphèse. *Plutarch. vit. Alex. p.* 666, *E.*

Mort de Xénophon. Xénophon parlant lui-même de la mort d'Alexandre de Phères, on placera la sienne postérieurement à celle du tyran. (Voyez Lucien, *de Macrobiis,* 21. Voy. aussi ann. 446.)

Succès de Philomélus contre les Locriens dans la guerre sacrée. *Diod.* 16, 23.	354	106. 3	400

Philomélus, battu par les Béotiens, se retire sur un rocher

	Années av. J.-C.	Olympiad. de Corœb.	Ann. de Rome.
escarpé, d'où il se précipite. *Diod.* 16, 28-31.	353	106.3	401
Onomarchus, collègue de Philomélus, engage les Phocéens à continuer la guerre, bat Philippe, puis est battu à son tour : Philippe le fait pendre un an après. *Diod.* 16, 32. . . . Les Thébains envoient au secours d'Artabaze, révolté contre le grand-roi, Pamménès, qui remporte deux victoires. *Ib.* Les Lacédémoniens font la guerre aux Argiens : ils les battent près d'Ornées, et après s'être emparés de cette ville, ils retournent à Sparte. *Diod. Sic.* 16, 34. . . . . . . Mort de Mausole, roi de Carie : Artémise, sa sœur et son épouse, lui succède. *Diod.* 16, 36.	353	106.4	401
Onomarchus passe en Thessalie, remporte deux victoires sur Philippe, roi de Macédoine, passe de là en Béotie, bat les Béotiens, retourne en Thessalie, où il est battu complétement par Philippe. Ce prince, l'ayant			

	Années av. J.-C.	Olympiad. de Corœb.	Ann. de Rome.
fait prisonnier, le fait pendre : Phayllus, son frère, lui succède au commandement des Phocéens. *Diod. Sic.* 16, 35 et 36.	352	106.4	402
Les Athéniens envoient une colonie dans l'île de Samos : Néoclès, père d'Épicure, est du nombre des colons : Épicure y demeure jusqu'à l'âge de 18 ans. *Dionys. Halicarn. in Dinarcho*, 13, *Diogen. Laërt.* 10, 1. . . . . :	352	107.1	402
Les Thébains, fatigués de la guerre sacrée, réduits à une grande disette d'argent demandent au grand roi et obtiennent 300 talens (1,620,000 liv.) de notre monnaie. *Diod.* 16, 40. Le grand roi recouvre l'Égypte, la Phénicie et l'île de Cypre qui s'étaient révoltées : ces pays ne furent totalement soumis que plusieurs années après. *Diod. Sicul.* 16, 40 *sq.* Évagoras cherche à rentrer dans le royaume de ses pères avec le secours des Perses : accusé devant le grand roi, il en est abandonné : s'étant ensuite	351	107.2	403

	Années av. J.-C.	Olympiad. de Corœb.	Ann. de Rome
disculpé, il obtient un gouvernement plus considérable que son royaume; s'y étant mal conduit, il est puni du dernier supplice. *Diodor.* 16, 46.	350	107.3	404
Hermias, tyran de l'Atarnée, s'étant révolté contre le grand roi, est pris et mis en croix. Les Olynthiens, assiégés par Philippe, implorent le secours des Athéniens.	349	107.4	405
Mentor, établi par Ochus, gouverneur des côtes de l'Asie, remet sous la puissance de ce prince les villes qui s'étaient révoltées, au printemps. *Idem, ibid.*	348	107.4	406
Philippe s'empare d'Olynthe par la trahison d'Euthycrates et de Lasthènes, principaux magistrats de cette ville, et la détruit de fond en comble.	348	108.1	406
Mort de Platon au mois de mai. *Diogen. Laërt.* 3, 11. (Voyez l'an 430.). Speusippus, fils de Potoné, sœur de Platon, succède à ce philosophe. *Diogen. Laërt.* 4, 1. (Voyez l'an 339.).	347	108.1	407

	Années av. J.-C.	Olympiad. de Corœb.	Ann. de Rome.
Traité de paix et d'alliance entre Philippe et les Athéniens, conclu le 19 mars et ratifié par Philippe vers le milieu de mai. *Diod.* 16, 56.	346	108. 2	408

Archidamus III, roi de Lacédémone de la seconde maison, marche au secours des Phocéens attaqués par Philippe.

Fin de la troisième guerre sacrée ou phocique. Philippe la termine en s'emparant de la Phocide.

Les malheureux habitans d'Amphissa (1) vaincus dans un premier combat, s'étaient soumis à des conditions humiliantes : loin de les remplir, ils avaient, dans une seconde bataille, repoussé l'armée de la

---

(1) Amphissa, ville occupée par les Locriens-Ozoles, située au-dessus de la plaine de Crissa, à 60 stades de Pytho, ou de l'hiéron des Delphiens. La possession d'Amphissa, qui rapprochait trop les Locriens-Ozoles des Delphiens, devait porter ombrage aux Phocéens. Aussi Thuc. (3, 101, 1) nous apprend-il que les Phocéens haïssaient les Locriens d'Amphisse. (Sur *Amphisse*, sur *l'hiéron des Delphiens*, et autres lieux, voyez mon *Demosth. pro cor.* sommaire, p. 12, *sq.*)

ligue. Des Thessaliens vendus à Philippe, avaient été chargés par la dernière assemblée amphictyonique de venger les outrages faits à l'hiéron des Delphiens (1). Philippe dut à la première guerre sacrée d'être admis au rang des amphictyons : la dernière le plaçait à la tête d'une confédération à la quelle on ne pouvait résister sans se rendre coupable d'impiété. Les Thébains ne pouvaient plus lui disputer l'entrée des Thermopyles. Le mécontentement était général dans la Grèce. Sparte gardait un profond silence : Athènes était incertaine et tremblante : mais bientôt Démosthène fait cesser les irrésolutions et réunit même Athènes et Thèbes contre l'ennemi com-

Ann. de Rome.	Olympiad. de Corœb.	Années av. J.-C.
346	108. 2	408

---

(1) Et non *au temple de Delphes*, comme le dit inexactement l'illustre Barthélemi, puisque le temple n'est qu'une partie de l'hiéron. L'*hiéron*, terme générique, signifie *enceinte sacrée*, tantôt d'une médiocre et tantôt d'une immense étendue, tantôt avec et tantôt sans temple. (Voyez Barthél. tom. 7, pag. 89, *sq.*)

	Années av. J.-C.	Olympiad. de Corœb.	Ann. de Rome.

mpn. (Voyez 1°. ann. 356;
2°. ann. 600; 5°. ann. 338.)

	Années av. J.-C.	Olympiad. de Corœb.	Ann. de Rome.
mpn. (Voyez 1°. ann. 356; 2°. ann. 600; 5°. ann. 338.)	346	108. 2	408
Les Syracusains , toujours divisés entre eux et tourmentés par diverses factions , envoient demander un chef aux Corinthiens , qui les avaient anciennement fondés. *Idem, ib.* 65.	346	108. 3	408
Acrotatus , fils aîné de Cléomènes , roi de Lacédémone , de la première maison , meurt avant son père : Cléonyme , frère cadet d'Acrotatus , ne régna pas. . . . . . . Timoléon se rend en Sicile.	345	108. 4	409
Timoléon s'empare d'une partie de Syracuses : consterné de ce que les Carthaginois avaient fait entrer dans le port 150 trirèmes, de ce que Ilicétas était maître de l'Achradine et de neuf villes , et de ce que Denys l'était du reste de l'île, est rassuré par le secours qu'il reçoit de Corinthe et par ceux que lui donne Mamercus , tyran de Catane.	344	109. 1	410

Timoléon chasse de Syracuses
Denys le jeune, et le relègue à

	Années av. J.-C.	Olympiad. de Corœb.	Ann. de Rome.
Corinthe : il établit à Syracuses des archontes sous le nom d'Amphipoles (ministres) de Jupiter Olympien : ces Amphipoles subsistèrent pendant plus de 3oo ans, jusqu'au temps où les Syracusains acquirent sous Auguste le droit de colonie Romaine.	343	109. 2	411
Naissance de Ménandre, poète comique. (Voyez une inscription rapportée par Gruter, pag. 1027, n°. 2.). . .	342	109. 3	412
Naissance d'Épicure au mois de janvier, sept ans après la mort de Platon. *Diog. Laërt.* 10, 14 et 15. (Voyez l'an 270.) Apharéüs fait jouer sa dernière pièce. (Voyez l'an 368.).	341	109. 3	412 413
Philippe assiége la ville de Périnthe par terre et par mer. *Diodor.* 16, 74.	341	109. 4	413
Philippe, effrayé de la ligue des Athéniens avec ceux de Chios, de Cos et de Rhodes, et des secours qu'ils envoient aux Byzantins qu'il assiégeait, lève le siége de Périnthe et de Byzance, et fait la paix. . .	340	110. 1	414

	Années av. J.-C.	Olympiad. de Corœb.	Ann. de Rome.
Le philosophe Anaxarque fleurit. *Diogen. Laërt.* 9, 58. (Voyez l'an 322.).	340	110. 1	414
Mort de Speusippe : ce philosophe laisse après lui beaucoup d'ouvrages : Aristote les achète trois talens. (16,400 l.) *Diogen. Laërt.* 4, *Segm.* 1 et 5. (Voy. l'an 347.). Xénocrates lui succède dans l'École de Platon. *Id., ib. Segm.* 14.	339	110. 2	415

Bataille de Chéronée. Les meilleurs esprits chez les Athéniens, et Démosthènes à leur tête, avaient bien démêlé cette politique adroite du roi de Macédoine, et n'avaient rien négligé pour éclairer le peuple sur ses véritables intérêts. Malgré le nombre des orateurs que Philippe soudoyait, Démosthènes parvint à démontrer les dangers de la sécurité qu'ils voulaient inspirer. On déclara la guerre à ce prince ; mais la force triompha de la bonne cause. Il battit les Athéniens à la bataille de *Chéronée*, ville de la Béotie, que la naissance

	Années av. J.-C.	Olympiad. de Corœb.	Ann. de Rome.
de Plutarque, mort en 119 de l'ère vulgaire, ne rend pas moins célèbre. (M.). . . . Le même jour périt en Italie, dans une action contre les Lucaniens, Archidamus III, roi de Lacédémone, de la seconde maison. *Diod.* 16, 88. . . Son fils Agis II lui succède. *Idem, ibid.* . . . . . . Les Lucaniens refusent aux Tarentins le corps d'Archidamus, quoiqu'ils offrissent une somme d'argent considérable. Ce prince n'eut pas en conséquence les honneurs de la sépulture. Pausanias remarque, d'après Théopompe, que ce prince avait reçu, ainsi que sa femme de l'argent provenant des dépouilles *de l'hiéron des Delphiens*, et que ce fut par un effet de la colère d'Apollon contre ce prince sacrilége qu'il ne fut pas inhumé. *Paus.* 3, 10. . .	338	110. 3	416
Isocrates meurt âgé de 98 ans. (Voy. l'an 436.) *Dionys. Halic. in Isocrate*, 1, *p.* 150;			

	Années av. J.-C.	Olympiad. de Corœb.	Ann. de Rome.
Plutarch. vit. decem Oratorum, *pag.* 837. *E*	338	110. 3	416
Timoléon, ayant rétabli le gouvernement républicain à Syracuses, meurt la huitième année de son administration : on lui décerne des honneurs funèbres de la valeur de 200 mines (18,000 liv.). *Diod.* 16, 90.	337	110. 4	417
Philippe est déclaré, dans une assemblée des Grecs tenue à Corinthe, généralissime des Grecs contre les Perses. . .			
Philippe, roi de Macédoine, est tué par Pausanias : Alexandre lui succède.	336	111. 1	418
La ville de Thèbes détruite par Alexandre. *Diodor. Sicul.* 17, 14.	335	111. 2	419
Alexandre passe en Asie. Alexandre, ayant succédé à son père Philippe, suivit ses vues ambitieuses, et se fit nommer généralissime des troupes grecques qui se préparaient à porter la guerre en Asie, contre les Perses. Il gagna d'abord la bataille du *Granique,* puis celle			

	Années av. J.-C.	Olympiad. de Corœb.	Ann. de Rome.

d'*Issus*, enfin celle d'*Arbèles*.
Après avoir fait la conquête de
l'Asie mineure, de la Syrie, de
la Judée, et même de l'Égypte,
il se trouva maître de toute la
partie occidentale de l'Asie. La
mort de Darius ne laissa plus
d'obstacle à ses conquêtes; il
marcha contre la Bactriane, la
Sogdiane, enfin vers l'*Indus* à
l'est, et battit quelques princes
indiens qui lui opposaient des
forces considérables. Il mit ainsi
fin à l'empire des Perses l'an 331.
Il mourut à son retour, s'étant
livré à des excès de table, à
Babylone, l'an 324. Ses généraux, profitant des armées qui
étaient à leurs ordres, se dis-
putèrent les provinces de ce
vaste empire. Ptolémée eut l'É-
gypte; Séleucus, la Syrie, les
autres des contrées plus ou
moins étendues. (M). . . . | 334 | 111.3 | 420 |

Darius est battu à Issus en
Cilicie : sa mère, sa femme,
ses enfans tombent au pouvoir
d'Alexandre, au mois mæmac-

	Années av. J.-C	Olympiad. de Corœb.	Ann. de Rome.
térion (novembre). *Arrian.* 2, 11..	333	111.4	421
Prise de la ville de Tyr au mois hécatombæon (partie de juillet et d'août). *Arrian.* 2, 24.	332	112.1	422
Fondation de la ville d'Alexandrie.			
Bataille d'Arbèles au mois pyanepsion (partie d'octobre et de novembre). (Diod. 17, 56 *sq.* Voyez l'empire Ottoman de M. Olivier, tom. 2, pag. 370.	331	112.2	423
Aristophon, trois cent cinquante - quatrième archonte. (Diodor. 17, 62). Sous cet archonte, jugement de la cause de Démosthène. Cette plaïdoirie offrit le spectacle de deux grands orateurs aux prises. Pourquoi n'aurait-elle pas rang dans les époques de l'histoire? (Voyez Démosth. de Tourreil, tom. 2, pag. 54.).	330	112.3	424
Période de Callippus, qui réforme celle de Méton. Elle est postérieure à celle-ci de 102 ans et commence aussi au solstice d'été. *Censorin. de Die Na-*			

	Années av. J.-C.	Olympiad. de Corœb.	Ann. de Rome.
tali, 16, *pag*. 94; *Petavius*, de *Doctrinâ temporum*, 10, 39. . . . . Darius, roi de Perse, est tué par Satibarzanès et Barzaénthès. *Arrian*. 3, 21 et 22. . . .	330	112.3	424
Agis II, roi de Lacédémone, de la seconde maison, périt dans une bataille contre Antipater, au mois de mai. *Diod. Sicul*. 17, 73. . . . . . . Eudamidas Ier., son frère, lui succède. *Plutarch. in Agide*, *pag*. 796, *E*.	329	112.3	425
Alexandre donne congé à ceux de ses soldats qui veulent quitter le service : il fait présent à chaque cavalier, qui se retire, d'un talent (5,400 liv.), à chaque fantassin de dix mines (900 liv.), sans compter tout ce qui leur était dû de leur paie, et l'argent nécessaire pour retourner dans leur patrie. . . .	329	112.4	425
Philémon publie sa première comédie. *Auctor. anonymus* περὶ Κωμωδίας.	328	112.4	426
L'orateur Lycurgue, âgé de 80 ans, se fait conduire au			

	Années av. J.-C.	Olympiad. de Corœb.	Ann. de Rome.
sénat, y rend compte de sa conduite : les sénateurs l'approuvent tous, excepté Ménésæchmus : Lycurgue le réfute, s'en retourne chez lui, couvert d'applaudissemens et meurt. *Plutarch. in vitis decem Orator. pag.* 842. . . . . . Expédition d'Alexandre contre les Paropamisades. *Diod.* 17, 82. . . . . Callistrate envoie en Grèce des observations astronomiques, trouvées à Babylone, qui sont antérieures à la prise de cette ville de 1903 ans. *Simplicius de Cælo,* 16.	328	113. 1	426
Porus, roi d'une partie de l'Inde, est battu par Alexandre. *Arrian.* 5, 19. . . . . . . Harpalus, à qui Alexandre avait confié ses trésors, se sauve à Athènes avec 5000 talens (27,000,000 liv.), corrompt la plupart des orateurs par ses largesses, et Démosthènes entre autres : obligé de s'enfuir d'Athènes, il est peu après tué par Thimbron qu'il croyait son	327	113. 2	427

	Années av. J.-C.	Olympiad. de Corœb.	Ann. de Rome.
ami. (Strab. 17, pag. 1194, C. Arrian. in Biblioth. Photii, cod. 92, pag. 218.) Pausanias (2, 33, pag. 190) rapporte cette histoire différemment, et à l'avantage de Démosthènes. . .	326	113.3	428
Héphæstion meurt d'une débauche de table. Alexandre fait transporter son corps à Babylone, où on lui fait des funérailles superbes. *Diodor. Sicul. ibid.* (Voyez sur le bûcher d'Héphæstion, le mémoire de M. Quatremère de Quincy.).	325	113.4	429
Alexandre reçoit une ambassade de la plupart des nations de l'Asie, de l'Europe et de quelques-unes de l'Afrique. . . .	324	114.1	430
On fait aux jeux olympiques une proclamation d'Alexandre, par laquelle on permet à tous les exilés de retourner dans leur patrie : les Athéniens , qui avaient partagé l'île de Samos entre leurs concitoyens, en sont révoltés : cela donna occasion à la guerre Lamiaque. Diodore de Sicile met ce fait sous l'archon-			

	Années av. J.-C.	Olympiad. de Corœb.	Ann. de Rome.
lat de Céphisodore un an plus tard, ainsi que la mort d'Alexandre. 18. 8. . . . . . . Protogène, célèbre peintre, fleurit. *Plin. Hist. Nat.* 35, 11, *pag.* 699.	324	114. 1	430
Théophraste de Lesbos, nommé par Aristote son successeur à l'école péripatéticienne, inséra deux nouvelles branches à l'arbre encyclopédique des connaissances humaines, 1°. par ses recherches botaniques; 2°. par sa manière neuve de traiter la morale. (Voyez ses *caractères*, éd. de M. Coray).	324	114. 1	430
Mort d'Alexandre (1), le 29 du mois macédonien dæsius, qui répond au 30 thargélion des			

(1) M. Larcher donne l'an 323 pour date de sa mort. Mais, dans ses *Recherc.* sur l'époque de la mort d'Alexandre, M. de Saint-Martin donne la date suivante aux principaux événemens de la vie d'Alexandre.

Naissance d'Alexandre, 22 juillet, 356 av. J.-C.

Bataille de Chéronée, 2 août, 338 av. J.-C.

Avénement d'Alexandre, 14 novembre 337 av. J.-C.

Bataille d'Arbèles, 2 octobre 331 av. J.-C.

Mort d'Alexandre, 22 juin 324 av. J.-C.

	Années av. J.-C.	Olympiad. de Corœb.	Ann. de Rome.
Athéniens et au 2 juin. (Plut. in Alex. pag. 706. Arrian. 7, 28, pag. 309. Selon M. Sainte-Croix, pag. 638 de son examen critique, l'an 324). A peu près à la même époque naquit Théocrite. . . . . Épicure vient à Athènes à l'âge de 18 ans. *Diog. Laërt.* 10, 1.	323	114. 1	431
Mort de Diogènes de Sinope. *Id.* 11. 67. (Voyez l'an 413.) Les Athéniens se portent avec ardeur à la guerre Lamiaque : ils élisent pour leur général Léosthènes : celui-ci bat Antipater, général Macédonien, près la ville de Lamia et le force à s'y retirer : peu après il est tué dans une autre action : les Athéniens, découragés, se remettent au pouvoir d'Antipater. *Diod.* 18, 9 *sq.*	323	114. 2	431
Démosthènes se réfugie dans l'île Calauria, où il s'empoisonne.	322	114. 2	432
Le philosophe Anaxarque, qui avait offensé Nicocréon, tyran de Cypre, ayant été obli-			

	Années av. J.-C.	Olympiad. de Corœb.	Ann. de Rome.

gé de relâcher dans cette île, à cause des vents contraires, ce tyran le fit piler dans un mortier avec des pilons de fer. *Diogen. Laërt.* 9. 59. . . . . . . `322` | `114. 2` | `432`

  Mort d'Aristote : Théophraste lui succède. *Diogen. Laërt.* 5, 10. . . . . `322` | `114. 3` | `432`

  Ménandre, célèbre poëte comique, fait jouer sa première pièce, intitulée Ὀργή. Il ne nous en reste plus que 22 vers, que nous ont conservés Stobée, Athénée. Julius Pollux et Hésychius. Le Clerc traduit ce titre *Ira;* mais comme il n'est question dans ces 22 vers de rien qui indique cette passion, j'aimerais mieux le rendre par *Ingenium* ou *Mores. Eusebius in Chronico.* . . . . `320` | `114. 4` | `434`

  Archidamus Sotius, ou plutôt, Archidamus, fils de Sotis, fait représenter une de ses pièces; Évius de Chalcis fait la musique. *Voyage de Spon,* tom. 2 pag. 328. *Antiquities of Athens by James Stuart, vol.* 2, *pag.* 29. . . . . `319` | `115. 1` | `435`

	Années av. J.-C.	Olympiad. de Corœb.	Ann. de Rome.
Les Athéniens envoient Démades et son fils Déméas en ambassade à Antipater : celui-ci les fait mourir. *Diodor.* 18, 48.	319	115. 2	435
Phocion, condamné à boire la ciguë par les Athéniens le 19 munychion (22 avril). *Plut. in Phocione, pag.* 758, *F.* .	317	115. 3	436
Agathoclès, tyran de Syracuses. *Diod.* 19, 2.	317	115. 4	437
La vigne d'or, qui était dans la citadelle de Suses, est enlevée par Antigonus. Cette vigne, y compris d'autres ouvrages en or, valait 15,000 talens. Il enleva encore de la Médie 5,000 talens. Ces 20,00 talens valent de nôtre monnaie 108,000,000 liv. *Diod.* 19, 48.	316	116. 1	438
Thèbes rétablie par Cassandre, vingt ans après sa destruction. *Idem, ibid.* 54. . . .	315	116. 1	439
Xénocrates meurt âgé de 82 ans. (Diogen. Laërt. 4, 14). Polémon lui succède à l'école de Platon. *Id. ibid.* 16. . .	314	116. 3	440
Agathoclès, vaincu par les Carthaginois auprès d'Himère,			

	Années av. J.-C.	Olympiad. de Corœb.	Ann. de Rome.
se réfugie à Syracuses : il passe ensuite en Afrique, où il bat les Carthaginois. *Diod.* 3, 10 *et seq.*	310	117.3	444
Aréus Ier., fils d'Acrotatus, et petit-fils de Cléomènes, roi de Lacédémone, de la première maison, succède à son grand-père. (*Voy.* les années 370 et 545). Il règne 41 ans. . . Épicure, âgé de 32 ans, tient une école de philosophie à My-tilène et à Lampsaque. *Diogen. Laërt.* 10, 15.	309	117.4	445
Victoire remportée par Aga-thoclès sur les Carthaginois. *Diod.* 20, 28.	308	118.1	446
Démétrius, fils d'Antigonus, s'embarque à Éphèse, se rend à Athènes et s'en empare : Dé-métrius de Phalère est chassé de cette ville. . . . . . On élève dans le Céramique une statue en bronze en l'honneur de l'orateur Lycurgue, en vertu d'un décret. *Plutarch. in Vitis decem Oratorum, pag.* 843.	307	118.2	447

L'orateur Dinarque est exilé

	Années av. J.-C.	Olympiad. de Corœb.	Ann. de Rome.
à Chalcis en Eubée. *Dionys. Halic. in Dinarcho*, 2. . .	307	118. 2	447
Sophocles, fils d'Amphiclides, porte une loi, qui défend sous peine de mort à aucun philosophe de présider aux écoles de philosophie, à moins qu'il n'y soit autorisé par un décret du sénat et du peuple. Ce décret est sage, et je ne vois pas la raison qui l'a fait traiter d'insensé par le savant traducteur de Théophraste. *Diog. Laërt* 5, 38.	306	118. 3	448
Philon, disciple d'Aristote, fait abroger la loi portée l'année précédente contre les philosophes, intente une affaire à Sophocles, auteur de cette loi, et le fait condamner à une amende de cinq talens (27,000 liv.). quoiqu'il eût été défendu par Démocharès, cousin de Démosthènes. *Diog. Laërt.* 5, 38. *Athen.* 13, 9, *p.* 610, *F. Sam. Petit. Commentar. in Leges Atticas, l.* 3, *tit.* 8, *pag* 390, 391.	305	118. 4	449
Épicure retourne à Athènes,			

	Années av. J.-C.	Olympiad. de Coroeb.	Ann. de Rome.
où il établit une école de philosophie. *Diog. Laërt.* 10, 15.			
Archidamus IV, fils d'Eudamidas, de la seconde maison des rois de Lacédémone, monte sur le trône : il règne 46 ans. *Plutarch. in Agide, pag.* 796.	304	119. 1	450
Démétrius s'étant emparé de Sicyone et de sa citadelle, rend la liberté aux habitans : ils lui accordent, par reconnaissance, les honneurs que l'on fait aux fondateurs des villes, et appellent la leur Démétriade du nom de leur bienfaiteur; mais après sa mort, elle reprit son premier nom.	303	119. 2	451
Bataille d'Ipsus. Cette ville était en Phrygie ; les généraux d'Alexandre s'y battirent et les plus faibles furent défaits. . .	301	119. 4	453

3ᵉ. SIÈCLE.

	Années av. J.-C.	Olympiad. de Coroeb.	Ann. de Rome.
Arcésilas, qui avait été disciple de Théophraste et ensuite de Crantor, (Diog. Laërt. 4, 28.) fleurit.	300	120. 1	454

	Années av. J.-C.	Olympiad. de Corœb.	Ann. de Rome.
Cléonyme, fils cadet de Cléomènes, roi de Lacédémone, de la première maison, épouse Chélidonis, princesse du sang royal. *Plutarch. in Pyrrho, pag.* 401, *A.* . . .	297	120. 4	457
Acrotatus, fils d'Aréus, roi de Lacédémone, de la première maison, devient amoureux de Chélidonis, et l'enlève à Cléonyme. *Plutarch. in Pyrrho, pag.* 401.	296	121. 1	458
Démétrius s'empare de la Macédoine et en jouit pendant sept ans. *Plutarch. in Demetrio, pag.* 906, *E.* 911, *B.* .	294	121. 3	460
Dinarque rappelé de son exil par Démétrius, ainsi que les autres exilés. *Dionys. Hal. in Din.* 2 *sq.* (Voyez l'an 307). .	293	121. 4	461
Démétrius porte la guerre en Étolie : il y laisse Pantauchus pour marcher contre Pyrrhus; ces deux princes s'égarent. Démétrius ravage l'Épire, et Pyrrhus remporte une victoire complète sur Pantauchus : cette victoire fut la cause de la décadence des affaires de Démétrius.			

	Années av. J.-C.	Olympiad. de Corœb.	Ann. de Rome.
Plutarch. in Demetrio, pag. 908 , *E.*	291	122. 2	463
Mort de Ménandre , célèbre poëte comique. (Voyez année 342.). 16, 9..	290	122. 3	464
Démétrius est chassé de la Macédoine par Lysimachus et Pyrrhus après un règne de sept ans. (Plutarch. in Demetrio, pag. 911 , A. B.) Pyrrhus règne en sa place sept mois. *Idem , in Pyrrho , pag. 390, A. B.* ..	288	123. 1	466
Mort de Théophraste : Straton lui succède. *Diog. Laërt.* 5, 58. (Voyez l'an 371).	286	123. 3	468
Fondemens de la ligue des Achéens jetés par les habitans de Patres, de Dyme et de Phares. *Polyb.* 2 , 41.			
Version des livres saints de l'hébreu en Grec , faite par ordre de Ptolémée , fils de Lagus, et par celui de Ptolémée Philadelphe son fils., qu'il avait élevé au trône deux ans avant sa mort. *Lucian. Macrob.* 12.	284	124. 1	470
La même année on construisit par ordre de Ptolémée la tour du Phare : Sostrate de			

	Années av. J.-C.	Olympiad. de Corœb.	Ann. de Rome.
Cnide en fut l'architecte : cette tour était carrée ; chacun de ses côtés avait un stade ; sa hauteur était de 900 coudées (1275 pieds). On apercevait son fanal de cent milles , c'est-à-dire , d'un peu plus de 30 lieues. *Strab.* 17 , *pag.* 1141. *Isaac. Vossius ad Pompon. Melam* , 2 , 7 , *pag* 762.	284	124. 1	470
Statue élevée à Démosthènes sur la place publique : décret qui ordonne que ses parens seront nourris aux dépens du public. *Plutarch. vit. X orat.* Environ cinq ans après que les villes de Dyme, de Patres et de Phares eurent posé les premiers fondemens de la ligue des Achéens , le reste des villes de l'Achaïe chassa ses tyrans et entra dans la ligue. Cette république se gouverna par deux Stratèges. *Polyb.* 2 , 41. . .	280	125. 1	474
Pyrrhus, appelé en Italie par les Tarentins , bat les Romains commandés par le consul Lævinus. Fabricius est envoyé par les Romains à Pyrrhus pour le			

	Années av. J.-C.	Olympiad. de Corœb.	Ann. de Rome.
rachat des prisonniers. *Plut. in Pyrrho*, pag. 394.			
Phintias, tyran d'Agrigente, fonde la ville de Phintiade, et y transporte les habitans de celle de Géla qu'il venait de détruire. *Diod. Sicul. Eclog.* 22, tom. 2, pag. 495.	280	125. 1	474
Expédition des Celtes ou Gaulois dans la Grèce, ayant Brennus à leur tête : ils sont battus près des Thermopyles : un détachement de leur armée, composé de 40,000 hommes, passe en Étolie : ils égorgent même les vieillards et les enfans à la mamelle.			
Les Étoliens révoltés de tant d'horreurs se réunissent, leur livrent bataille et remportent sur eux une victoire si complète, qu'il en revient à peine 20,000 au gros de leur armée près des Thermopyles : ils vont des Thermopyles chez les Delphiens : là ils sont battus par les Grecs et prennent la fuite : Brennus meurt quelques jours			

	Années av. J.-C.	Olympiad. de Corœb.	Ann. de Rome.
après de ses blessures. *Pausan.* 10, 22, et 23.	279	125. 2	475
Les Celtes passent en Asie. *Pausan.* 10, 22 et 23.			
Pyrrhus renvoie sans rançon aux Romains les prisonniers qu'il avait faits sur eux : bataille de Pyrrhus contre le consul Fabricius : l'événement en est douteux. *Plutarch. in Pyrrho*, pag. 396 et 397.	278	125. 3	476
Pyrrhus passe en Sicile et bat les Carthaginois. *Idem, ibid.* pag. 397, ...	277	125. 4	477
Naissance d'Ératosthènes, fils d'Aglaüs. *Suidas*. . . .	276	126. 1	478
Naissance du poëte Euphorion. *Idem.* . . . . Pyrrhus, de retour en Italie, est battu par les Romains. *Plut. in Pyrrho*, pag. 399. *Suidas*, voc. *Euphorion.*	275	126. 2	479
Pyrrhus se rend maître de la plupart des villes de Macédoine : il y met en garnison les Gaulois de son armée. « Les Gau- » lois, dit Plutarque, sont de » tous les hommes les plus in- » satiables de richesses. Arrivés			

	Années av. J.-C.	Olympiad. de Corinth.	Ann. de Rome
» à Édesse, anciennement ap- » pelée Ægès, ils fouillèrent les » tombeaux des rois de Macé- » doine, enlevèrent les riches- » ses qui y étaient renfermées » et jetèrent aux vents les cen- » dres de ces princes. » *Plut.* *in Pyrrho*, pag. 400. . . .	273	126. 4	481
Cléonyme, irrité contre Acrotatus, se retire auprès de Pyrrhus, et engage ce prince à faire la guerre aux Lacédémo- niens. *Idem*, *in Pyrrho*, *pag.* 401.	272	127. 4	482
Pyrrhus entre en Laconie : près de s'emparer de Lacédé- mone, il est repoussé par Aréus, roi de Lacédémone, qui arrive sur ces entrefaites de l'île de Crète : Pyrrhus se retire vers la ville d'Argos, pénètre dans la place publique, et est tué par une tuile que lui lance sur la la tête une femme. *Plutarch.* *in Pyrrho*, pag. 402 et seq. . .	272	127. 1	482
On élève sur la place d'Athè- nes une statue à Démocharès, neveu de Démosthènes, et il est ordonné par un décret qu'il			

	Années av. J. C.	Olympiad. de Corœb.	Ann. de Rome.
sera nourri dans le Prytanée, lui et son fils aîné, et ainsi d'aîné en aîné dans toute la suite des temps, et qu'ils jouiraient à perpétuité de la première place dans tous les jeux publics. *Plutarch. in vitis decem oratorum*, pag. 847. . . .	271	127. 2	483
Ptolémée Évergètes, monte sur le trône d'Égypte. (*Suidas, voc. Callimachus.*) Il paraît que cet auteur se trompe. et qu'il faut placer l'avénement de ce prince au trône 24 ans plus tard.			
Épicure meurt dans sa soixante-douzième année le 13 janvier. *Diogen. Laërt.* 10, 15. *Cicero de Fato.* 9.			
Pronomus et Lysippe, poëtes tragiques, donnent des pièces de théâtre. *Inscription ancienne dans les Voyages de Spon*, tom. 2, p. 327, *Antiquities of Athens by Stuart*, tom. 2, pag. 30 and 31.	270	127. 2	483 484
Hiéron, qui avait été archonte à Syracuses pendant			

	Années av. J.-C.	Olympiad. de Corœb.	Ann. de Rome.
quelque temps, est proclamé roi. *Polyb.* 1, 8 et 9. . .	269	127. 4	485
Aréus, roi de Lacédémone, de la première maison, battu par Démétrius, est tué dans le combat : Acrotatus, son fils, lui succède. *Plutarch. in Agide,* pag. 796, *E.*	268	128. 1	486
Acrotatus, roi de Lacédémone, de la première maison, périt dans un combat près de Mégalopolis. *Id. ib. p.* 797, *A.*			
Aréus II, son fils, lui succède, sous la tutelle de Léonidas, fils de Cléonyme. . .	267	128. 2	487
Mort du philosophe Straton. *Diogen. Laërt.* 5, 58. . . .			
Diognète, quatre cent vingtième archonte. C'est de cet archonte que les marbres de Paros, communément appelés marbres d'Oxford, commencent à compter toutes les époques. *Marmora Oxoniensia Epoch.* 1.	264	129. 1	490
Zénon le Stoïcien meurt : Cléanthes lui succède (Euseb.). Le savant Corsini met sa mort en 268 et en 260. *Fasti*			

	Années av. J.-C.	Olympiad. de Corœb.	Années av. J.-C.

Attici, *tom.* 4, *pag.* 87 *et* 91.

Première guerre punique. On nomme guerres *puniques* celles qui eurent lieu entre les Romains et les Carthaginois, que les Latins appelaient aussi *Pœni.* Les détails de ces trois guerres appartiennent particulièrement à l'histoire romaine; je dirai seulement que :

La première commença en 264, et dura vingt-quatre ans.

La seconde commença en 218, et dura dix-sept ans. Ce fut dans le cours de cette guerre qu'Annibal, parti d'Espagne avec son armée, traversa les Pyrénées, la Gaule, les Alpes, entra en Italie, et vint jusqu'aux portes de Rome, après avoir gagné les batailles du *Tésin*, de la *Trébie*, de *Trasimène* et de *Cannes.* Elle finit par la prise de Carthage par Scipion.

La troisième, enfin, commença en 149, et ne fut que de quatre ans. La prise et la destruction de Carthage par

Table values: 264 | 129. 1 | 490

	Années av. J.-C.	Olympiad. de Corœb.	Ann. de Rome.
Scipion, que l'on a surnommé le second *Africain*, termina cette troisième et dernière guerre. (M.).	264	129. 1	490
Hiéron , roi de Syracuses, fait la paix avec les Romains. *Polyb.* 1, 16 *et* 17.	262	129. 3	492
Aréus II , meurt âgé de huit ans. *Pausan.* 3 , 6 , *pag.* 218. *Plutarch. in Agide , pag.* 797. Léonidas, fils de Cléonyme, fils cadet de Cléomènes, lui succède..	260	130. 1	494
Eudamidas II, roi de Lacédémone, de la seconde maison , succède à son père Archidamus IV : il règne 14 ans. (Voy. l'an 304).	258	130. 3	496
Léonidas , roi de Lacédémone , de la première maison, est chassé du trône par Cléombrote son gendre. Cléombrote règne en sa place. *Plutarch. in Agide , pag.* 800, *B. C.* . .	254	131. 3	500
Marcus de Cérynée, premier stratège unique des Achéens. *Polyb.* 2 , 43.			
Xanthippe de Lacédémone vient avec des Grecs au secours			

	Années av. J.-C.	Olympiad. de Corœb.	Ann. de Rome.
des Carthaginois : il bat le consul Régulus et le fait prisonnier. *Polyb.* 1, 33 *et* 34. . . .	254	131.3	500
Les Carthaginois renvoient dans leur patrie Xanthippe avec les Lacédémoniens qui l'avaient accompagné, après les avoir comblés d'honneur ; mais ils donnent en secret ordre à leur amiral de les faire périr sur mer. *Appian. Bell. Punic.* 1, *pag.* 6.	253	131.4	501
Aratus, âgé de vingt ans est élu stratège des Achéens, quatre ans après la stratégie de Marcus de Cérynée. *Polyb.* 2, 43. L'élection du stratège se faisait au printemps : on était donc encore dans la seconde année de l'olympiade 132.	250	132.2	504
Arsace fonde l'empire des Parthes (l'an 250 environ, selon M. Larcher). Les guerres qui avaient eu lieu entre les généraux d'Alexandre, avaient considérablement diminué leurs forces. Arsace, Bactrien de naissance, en profita pour jeter les fondemens d'un nouvel empire			

	Années av. J.-C.	Olympiad. de Coroeb.	Ann. de Rome.
dont Ecbatane fut la capitale. Quelques-uns de ses successeurs fixèrent leur cour à Ctésiphon, qui était plus au sud. Cette dynastie est appelée, par les écrivains occidentaux, des *Arsacides*, et par les orientaux, des *Aschkaniens*.	250	132. 2	504
Ptolémée Philadelphe, roi d'Égypte, meurt : Ptolémée Évergètes, son fils, lui succède. *Canon. Reg. Astronomic.* (Voy. l'an. 271).	247	133. 2	507
Agis III succède à Eudamidas II, roi de Lacédémone, de la seconde maison. *Plutarch. in Agide, pag.* 796. . . .	246	133. 3	508
Léonidas, qui avait été chassé par Cléombrote, remonte sur le trône. *Id. ibid. p.* 802. *Paus.* 3, 6.	244	134. 1	510

La corruption, qui s'était insensiblement introduite à Sparte, infecte toutes les classes de la société : on permet aux citoyens d'aliéner leur patrimoine : les héritages passent entre les mains d'un petit nombre de citoyens : les autres lan-

	Années av. J.-C.	Olympiad. de Corœb.	Ann. de Rome.
guissent dans la plus affreuse misère : l'éducation de la jeunesse est négligée, les loix sont méprisées : Agis, le vertueux Agis, veut rétablir les loix de Lycurgue et rendre à sa patrie son éclat primitif.	239	135. 2	515
Agis marche au secours des Achéens contre les Ætoliens : il chasse les Ætoliens de Pellène, dont ils s'étaient emparés : Aratus étant survenu, il s'éleva une querelle entre les Achéens et les Lacédémoniens, qui fut suivie d'un combat, où Agis eut du dessous. *Pausan.* 2, 8.	238	135. 3	516
Agésilaüs, oncle d'Agis, et qui était éphore, homme riche, mais très-endetté, persuade à Agis de commencer la réforme de l'état par l'abolition des dettes, ajoutant que par-là on gagnerait les possesseurs des terres, qui en seraient plus portés à consentir au partage. *Plut. in Agide*, pag. 801. . . .	237	135. 4	517
Les dettes abolies, on ne voulut plus entendre parler du partage des terres : les pauvres			

	Années av. J.-C.	Olympiad. de Coræb.	Ann. de Rome.
se mutinent contre les riches : l'esprit de révolte s'empare de toutes les têtes : Agis est mis en prison, jugé et mis à mort par les éphores; sa mère et sa grand-mère subissent aussi le même sort. *Plut. in Agide. pag.* 804.	235	136. 2	519
Cléomènes, fils de Léonidas, roi de Lacédémone, de la première maison, succède à son père : il fait la guerre à Aratus. *Plutarch. in Cleomene, pag.* 812 *et seq.*	224	139. 1	530
Cléomènes, battu par Antigonus, s'enfuit en Égypte : ayant excité des troubles dans ce pays et craignant d'en être puni, il se tue. *Polyb.* 2, 69; 5, 35 *et seq.* 39.	221	139. 4	533
- En lui finit la première maison des rois de Lacédémone, comme la seconde avait fini par Agis, mis à mort par ordre des magistrats.			
Marche d'Annibal depuis Nismes jusqu'à Turin.	218	139. 4	536
Deuxième guerre punique. (Voyez *supr.* pag. 281.). . . .			

	Années av. J.-C.	Olympiad. de Corœb.	Ann. de Rome.
Troisième (1) *bataille de Mantinée* gagnée par Philopémen. Machanidas avait usurpé l'autorité à Sparte ; il marcha contre les Arcadiens. Philopémen se trouvait alors à la tête de la confédération appelée *Ligue des Achéens*, laquelle avait pour objet de maintenir la liberté du pays. Il battit les Lacédémoniens, et gagna ainsi la troisième bataille de Mantinée, dans laquelle il tua Machanidas. Ce grand homme , surnommé le dernier des Grecs, après avoir plusieurs fois ensuite défait Nabys, autre tyran de Sparte , fut fait prisonnier et mis à mort à l'âge de 70 ans. On lui éleva une statue à Tégée, ville peu éloignée du lieu du combat.	206	142. 4	548

(1) Je dis la troisième et non la deuxième comme le prétendent Rollin , Mentelle et tant d'autres.

2ᵉ. SIÈCLE.

	Année av. J.-C.	Olympiad. de Corinb.	Ann. de Rome.
	148	157. 2	606

La Macédoine réduite en province romaine. Depuis la mort d'Alexandre, les rois de Macédoine, ses successeurs, n'avaient cessé d'employer la force des armes et la politique, pour l'accomplissement du projet d'asservir la Grèce. Afin de leur résister avec plus de succès, les Achéens y compris les habitans de Sicyone, formèrent la *Ligue* dont je viens de parler, et lui donnèrent une nouvelle extension.

Voulant s'opposer au roi de Macédoine, qui était leur ennemi le plus à craindre, les Grecs firent la faute irréparable d'appeler à leur secours les Romains. Ceux-ci, plus par politique que par bienveillance, s'empressèrent de répondre à l'invitation des Grecs : ils passèrent en Macédoine, y battirent Philippe V, puis après lui son fils Persée, qu'ils emmenèrent prison-

	Années av. J.-C.	Olympiad. de Coræb.	Ann. de Rome.

nier à Rome, en 167. Ils réduisirent la Macédoine en *province romaine*, l'an 148.   . . . — 148 | 157.1 | 605

Fin de la Ligue des Achéens. Mais la Ligue des Achéens vit bientôt ce qu'elle avait à craindre de ses défenseurs. Leur protection apparente n'était au fond qu'un acte de perfidie.

D'abord les Romains flattèrent les Grecs des plus belles espérances; puis, ils les fatiguèrent par les lenteurs qu'ils mettaient à répondre aux sollicitations de la Ligue : enfin, lorsque l'indignation fut à son comble, l'amour de la liberté fit reprendre les armes aux Grecs; c'est ce qu'attendaient les Romains. Se déclarant offensés de la conduite des Grecs, ils envoyèrent contre eux une armée qui les battit, et mit fin à la Ligue des Achéens, l'an 146. Le consul Mummius prit et brûla la ville de Corinthe, dont il emporta à Rome tout ce qu'il put de richesses, et surtout les tableaux et les statues. (M.). . — 146 | 157.3 | 607

	Années av. J.-C.	Olympiad. de Coramb.	Ann. de Rome.
Prise de Carthage. Voy. *supr.* an. 465, p. 143, note sur cette Carthage qui devait être la reine du monde.	146	157.3	607
Aristobule, roi des Juifs. Depuis leur retour de la captivité, les Juifs avaient été gouvernés par dix chefs qui étaient ordinairement les mêmes que leurs pontifes : il y en eut *onze.* Lors de son passage par Jérusalem, Alexandre les avait bien traités ; mais plusieurs rois de Syrie, dans la suite, les persécutèrent. Ils ne commencèrent à avoir des rois que lorsqu'Aristobule, prince asmonéen, y fut monté sur le trône . .	106	167.3	647

1ᵉʳ. SIÈCLE.

	Années av. J.-C.	Olympiad. de Coramb.	Ann. de Rome.
Prise d'Athènes par Sylla. Sylla la prit à la nouvelle lune du mois anthestérion, jour où l'on célébrait encore des cérémonies en mémoire du cataclysme d'Ogygès. *Plut. vit. Syl. ch.* 14 *de l'édit. de Tubing.* .	86	172.3	667

	Années av. J.-C.	Olympiad. de Corœb.	Ann. de Rome.
Syrie conquise par les Romains.	85	172.4	668
César qui, en 61, s'était fait attribuer le département de la Gaule et de l'Illyrie, passa dans la Gaule dont il fit la conquête. Cette époque fut celle du *triumvirat* où César, Pompée et Crassus partagèrent entre eux l'autorité.			
En 50 (en 58 selon d'autres savans), ce même César revint en Italie, et, sortant de son département, il passa le *Rubicon* qui en bornait de ce côté la limite, entra, contre les lois, avec son armée, dans le département où commandait Pompée, et marcha sur Rome pour y prendre toute l'autorité. Pompée, fuyant, passa en Grèce; César l'y suivit, et le battit en Thessalie dans la plaine de Pharsale. (M.).	50	181.3	703
En 45, César, de retour à Rome, s'y fit nommer dictateur perpétuel. Mais il fut assassiné en plein sénat, n'ayant encore que 56 ans.	45	182.4	708

	Années av. J.-C.	Olympiad. de Corœb.	Ann. de Rome.
Hérode, roi des Juifs. Hérode, Iduméen de nation, parvint, avec la protection des Romains, à se faire nommer roi des Juifs.	37	184. 4	716
Octave, empereur des Romains. Immédiatement après la mort de César, il s'était formé un second *triumvirat* entre Octave, Antoine et Lépidus. Le premier, fils adoptif de César, et non moins ambitieux, parvint à se-débarrasser de ses collègues, et à se faire reconnaître empereur. (M.). . . .	31	186. 2	722
Ère vulgaire. Naissance de J.-C..	0	194. (¹)	753

L'Ère vulgaire de J.-C., à laquelle commence l'histoire moderne, s'accorde avec la fin de l'an 753 et la plus grande partie de l'an 754 de la fondation de Rome.

---

(1) La première année de la 194e. olympiade répond au 1er. juillet de la première année de J.-C.

L'an 46 de l'ère julienne (ère fictive imaginée par Joseph Scaliger) commence au 1er. janvier de la première année de J.-C.

FIN DES TABLEAUX CHRONOLOGIQUES.

TABLEAU SYNOPTIQUE, INDIQUANT

les OLYMPIADES [1].	les ARCHONTES [2], d'après les Fastes attiques de Corsini.	les ÉPHORES, d'après Xénophon, E. 2, 3, 10.	les ANNÉES OLYMPIQUES [4].	les ANNÉES Thucydidéennes.	les ANNÉES avant J.-C.
87e	Pythodore	Ænésias	1	I [6]	431
	Euthydème	Brasidas	2	II	
	Apollodore	Isanor	3	III	
	Épaminondas	Sostratidas	4	IV	428
88e	Diotime	Exarque	5	V	
	Euclide	Agésistrate	6	VI	
	Euthydème	Angénidas	7	VII	
	Stratoclès	Onomacles	8	VIII	424
89e	Isarque	Zeuxippe	9	IX	
	Aminias	Pityas	10	X	
	Alcæus	Plistolas	11	XI	
	Aristion	Clinomaque	12	XII	420
90e	Astyphile	Harque	13	XIII	
	Archias	Léon	14	XIV	
	Antiphon	Chæridas	15	XV	
	Euphème	Patésiadas	16	XVI	416
91e	Aristomneste	Cléosthènes	17	XVII	
	Chabrias	Lycarius	18	XVIII	
	Pisandre	Eperatus [3]	19	XIX	
	Cléocrite	Onomantius	20	XX	412
92e	Callias	Alexippidas	21	XXI	
	Théopompe	Misgolaïdas	22	XXII	
	Glaucippe	Isias	23	XXIII	
	Dioclès	Aracus	24	XXIV	408
93e	Euctémon	Evarchippe	25	XXV	
	Antigènes	Pantaclès	26	XXVI	
	Callias	Pityas	27	XXVI	
	Alexias	Architas	28	XXVII [7]	405
Commencem.t de la 94e.	Pythodore	Eudicus	8 mois [5] de l'année 29		

(¹) Une olympiade est un espace de quatre années. Chacune de ces années commençant à la nouvelle lune qui suit le solstice d'été, répond à deux années juliennes, et comprend à peu près les six derniers mois de lune, et les six premiers de la suivante. La première olympiade, celle où Corœbus remporta le prix du stade, a depuis servi de principale époque à la chronologie : elle date de 776 ans avant J.-C., l'an 807 de l'ère d'Athènes, selon les marbres d'Arondel, Æschylus étant douzième archonte perpétuel. Nous parlons ici des olympiades vulgaires ; car la première époque des jeux olympiques remonte à Pélops, fils de Tantale, qui les fonda 545 ou 539 ans auparavant, c'est-à-dire, 1321 ou 1315 avant l'ère chrétienne.

(²) Les archontes ou premiers magistrats entraient en charge à la nouvelle lune qui suit le solstice d'été. Dodwel, de *Cycl. Dissert*, 3, 35.

( ) Thucydide, (7, 6, 2), nomme *Endius*, et non *Eperatus*, éphore de la 19e. année. Xénophon ne le nomme pas ; parce qu'il fut l'un des éphores de la 19e. année, mais non l'éphore éponyme.

(⁴) Chacune des années olympiques, et même des années attiques, commence à la nouvelle lune qui suit le solstice d'été. (Voyez *note* (1).

(⁵) C'est pendant ces huit mois que dominèrent les trente tyrans (tom. 5, 1re. part. E., 2, 4, 21; p. 182.)

(⁶) L'année Thucydidéenne tient à deux moitiés de l'année olympique ... à la moitié de l'année précédente